W0073936

Dieter Zimmer

»Auferstanden aus Ruinen ...«

Dieter Zimmer

in Zusammenarbeit mit

Carl-Ludwig Paeschke

»Auferstanden aus Ruinen ...«

Von der SBZ zur DDR

Deutsche Verlags-Anstalt
Stuttgart

CIP-Titelaufnahme der Deutschen Bibliothek

Auferstanden aus Ruinen : von der SBZ zur DDR ;
[Begleitbuch zur ZDF-Sendung] / Dieter Zimmer
in Zs.-Arb. mit Carl-Ludwig Paeschke. -
Stuttgart : Deutsche Verlags-Anstalt, 1989
ISBN 3-421-06516-0
NE: Zimmer, Dieter [Hrsg.]

Lektorat: Ulrich Volz
Grafische Gestaltung: Ottmar Frick, Reutlingen
Satz: Setzerei Lihs, Ludwigsburg
Druck und Bindearbeit: Friedrich Pustet, Regensburg
Printed in Germany

Inhalt

Sowjetische Besatzungszone 1945

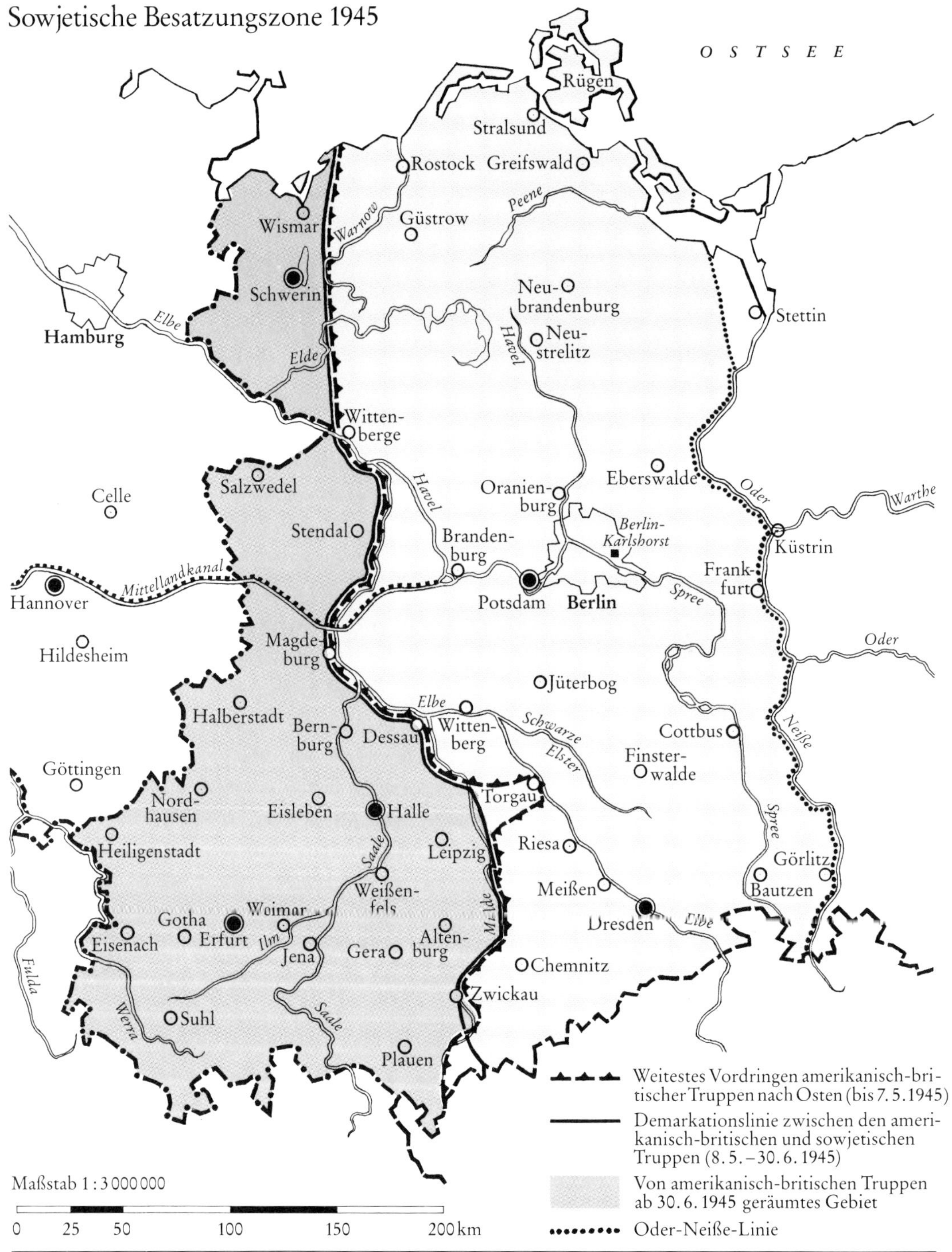

Sowjetische Besatzungszone 1947
(nach Auflösung des Staates Preußen)
OSTSEE
Rügen
Stralsund
Rostock
Greifswald
Wismar
Warnow
Güstrow
Peene
MECKLENBURG
Schwerin
Neu-brandenburg
Stettin
Hamburg
Elbe
Elde
Havel
Neu-strelitz
Witten-berge
BRANDEN-
Eberswalde
Oder
Warthe
Celle
Salzwedel
Oranien-burg
Berlin-Karlshorst
Küstrin
Stendal
Branden-burg
Frank-furt
Hannover
Mittellandkanal
Potsdam
Berlin
Spree
Hildesheim
Magde-burg
BURG
SACHSEN-
Jüterbog
Halberstadt
Elbe
Bern-burg
Dessau
Witten-berg
Schwarze Elster
Cottbus
Neiße
Göttingen
ANHALT
Finster-walde
Nord-hausen
Eisleben
Halle
Torgau
Heiligenstadt
Leipzig
Riesa
Saale
SACHSEN
Görlitz
Meißen
Bautzen
Weißen-fels
Gotha
Weimar
Erfurt
Dresden
Elbe
Mulde
Eisenach
Ilm
Jena
Gera
Alten-burg
Chemnitz
Fulda
THÜRINGEN
Zwickau
Werra
Suhl
Saale
Plauen
Maßstab 1:3 000 000
0 25 50 100 150 200 km

Nach vierzig Jahren

Immer wenn die DDR-Fahne aufgezogen wird, weil wieder mal eine Katarina oder eine Kristin Gold erlaufen oder erschwommen hat, wenn dazu vom Band die eingängige getragene Weise gespielt wird, dieser olympische Ohrwurm, dann kann es mir passieren, daß ich mitsumme: »Auferstanden aus Ruinen und der Zukunft zugewandt ...«.

Nicht daß ich ein DDR-»Fan« wäre! Aber diese Hymne habe ich so oft gesungen, so oft singen müssen in meinen Kindertagen vor vierzig Jahren, daß sie mir nicht aus dem Kopf gegangen ist. Wenn sie unvermittelt erklingt, denke ich für einige Augenblicke immer noch, sie hätte etwas mit mir zu tun. Oder ich mit ihr. Dabei ist dieser aus Ruinen auferstandene Staat schon seit mehr als fünfunddreißig Jahren nicht mehr mein Staat.

Eigentlich war er ja nie »mein« Staat. Ich war nur ein paar Jahre lang sein – noch recht kleiner – Bürger. Als er gegründet wurde, im Herbst 1949, war ich zehn Jahre alt und lebte in meiner Heimatstadt Leipzig. Ich wollte diese Deutsche Demokratische Republik nicht, aber das interessierte natürlich niemanden. Nicht nur wegen meines zarten Alters. Dessenungeachtet hatte ich den neuen Staat und seine führenden Persönlichkeiten in Schulaufsätzen zu preisen: Pieck und Grotewohl, nach denen heute in fast jedem DDR-Dorf eine Straße benannt ist, und Ulbricht, dessen Name – wer hätte das damals gedacht! – heute fast nirgends mehr zu lesen ist. (Immerhin ist meine damalige Schule nach Ulbricht benannt, weil sie, Jahrzehnte früher, auch seine Schule gewesen war.)

Wie viele der rund siebzehn Millionen Menschen in der bisherigen Sowjetischen Besatzungszone Deutschlands 1949 diese neue Republik wollten, ist nicht feststellbar. Sie wurden auch nicht gefragt. Genauer gesagt, die Wahlberechtigten wurden auf eine Weise gefragt, die ihnen nur zwei Möglichkeiten ließ: dafür zu stimmen oder Ärger zu bekommen.

Zweifellos gab es einige, die den Versuch mit dem Sozialismus herbeigesehnt hatten und begrüßten. Wir gehörten nicht dazu. Wir waren eine bürgerliche Familie, die sich im Dritten Reich in keiner Richtung hervorgetan hatte. Auch unsere Verluste hatten das übliche Maß nicht überschritten: einige Gefallene, ein paar Gefangene, eine ausgebombte Wohnung, alles Geld futsch. Die überlebenden Mitglieder der Familie waren froh, den Spuk hinter sich zu haben, und wollten vor allem weiterleben. Soweit sie überhaupt an Politik dachten, wollten sie eine Demokratie und nicht diesen »Russenstaat«.

Dabei waren sie durchaus nicht von der »Untermenschen«-Ideologie der Nazis verseucht. Vielleicht wären sie sogar zum Teil aufgeschlossen gewesen für einen Versuch mit Marx. Aber sie wurden es ganz schnell leid, bei jeder Gelegenheit den großen Stalin in den Himmel heben zu müssen und womöglich auch noch seinen Statthalter Ulbricht. Und ständig Angst zu haben vor den fünfundzwanzig Jahren Sibirien, die die Gerichte am Fließband verhängten. Sie empörten sich über die sowjetische Berlin-Blockade und verfolgten mit Genugtuung das Entstehen der Bundesrepublik Deutschland drüben im Westen. Dazu wollten sie gehören, eines Tages.

Sich dem zu entziehen, was da aus der SBZ gemacht wurde, gab es keine Möglichkeit – außer der Flucht. Aber dazu war die Zeit noch nicht gekommen. Also wurde man wieder mal Mitläufer. Ein klein wenig Gesinnung demonstrieren ließ sich allenfalls durch unverdrossene Kirchentreue. Obwohl ich kein frommes Kind war, besuchte ich gern den Kindergottesdienst, die (natürlich außerschulische) Christenlehre und genoß trotzig die Schmähungen »linientreuer« Neulehrer und Klassenkameraden. Konnte ich doch auf diese Weise schon mit meinen zehn Jahren dem Weltkommunismus die Stirn bieten! Derart geistig eingestimmt, mußte ich fast zwangsläufig die neue Republik ablehnen.

Und doch erinnere ich mich, daß die »neue Zeit«, die wir in klangvollen Liedern besangen, ihren Eindruck auf mein Kinderhirn machte. Diese Vorstellung: Alle Menschen werden endlich gleich, alle arbeiten nach ihren Kräften, alle bekommen das Notwendige, die Fabriken gehören allen, der Boden auch, es gibt kein Geld mehr, es gibt keine Armen und keine Reichen mehr! War das nicht eine großartige Idee? Hatten sie wirklich recht, die »Insulaner«, die in ihrem Rias-Kabarett dies alles durch ihren West-Kakao zogen?

Mir wurde nicht zuteil, an der Verwirklichung dieser Ideen mitzuwirken. Ich wurde sozusagen geflüchtet, als Dreizehnjähriger, ungefragt. Wenn ich mir die »Republik«, die ich damals verließ, vierzig Jahre nach ihrer Gründung ansehe, bin ich mir darüber im klaren: Auch mein tatkräftiges Zupacken hätte sie nicht wesentlich anders werden lassen.

Aber die Erinnerung an SBZ und DDR sitzt tief. Das wird fast allen so gehen, die dorther gekommen und alt genug sind, sich zu erinnern. Wer heute fünfzig oder älter ist, hat sie noch vor sich, die Bilder jener Nachkriegszeit, die »drüben« noch schlimmer war und länger dauerte als im westlichen »Trizonesien«. Helle Scharen flüchteten, weil sie keine Hoffnung auf Besserung sahen. Verhältnismäßig wenige haben ihre Flucht bereut.

Dennoch ist da fast so etwas wie Wehmut. Es waren lausige Zeiten, gewiß, aber es war immerhin die Zeit der Kindheit, der Jugend, des Erwachsenwerdens. Und je mehr Jahre ins Land ziehen, desto blasser werden vielleicht manche schlimmen Erinnerungen. Hungern und Frieren, Angst und Unterdrükkung bleiben Alpträume. Aber manches Bild aus jener Zeit, manches Foto, mancher Film, manche Melodie erinnern daran, daß man damals ein paar Jahrzehnte jünger war, voll großer Pläne. Je sichtbarer der allgemeine Schlamassel, desto kühner die Träume von der persönlichen Zukunft. (Ich selbst wollte damals auf jeden Fall in den Westen, aber nicht in den goldenen, sondern in den Wilden Westen. Ich erfuhr erst, als ich im goldenen angekommen war, daß es den Wilden nicht mehr gab.)

Zurück zu dieser Melodie, deren Text ja im Ursprungsland heute nicht mehr gesungen werden sollen darf: »Auferstanden aus Ruinen ...«. Die dritte und vierte Zeile, die

Johannes R. Becher damals schrieb, lauten: »Laß uns Dir zum Guten dienen, Deutschland, einig Vaterland«. Da liegt der Hase im Pfeffer. Eben das soll nicht mehr sein: Deutschland, einig Vaterland.

Damals haben wir Steppkes nicht nur diese gesamtdeutschen Zeilen geschmettert, sondern auch so manche Wandzeitung gestaltet zum Dauerthema »Deutsche an einen Tisch!« Es schien, als wollten sich beide Teile Deutschlands gegenseitig übertrumpfen an Willen zur Einheit oder wenigstens dessen Beteuerung. Das kam ohne Zweifel der Stimmung des Volkes entgegen – aber entsprach es auch den tatsächlichen Absichten der Politiker in Ost und West? War nicht Adenauer besser bedient mit seinem West-Staat, wo er auf eine konservative Mehrheit vertrauen konnte? War nicht Ulbricht besser bedient mit seinem Ost-Staat, wo ihm die Sowjets seine 99-Prozent-Mehrheit garantierten? Wobei zu berücksichtigen ist, daß in ganz Deutschland die Deutschen zunächst nichts zu entscheiden hatten, jedenfalls nichts Wichtiges.

Bemerkenswerterweise gibt es bis heute keine schlüssige Antwort auf die Frage, durch wen vor allem oder durch was vor allem die Teilung Deutschlands in zwei Staaten bewirkt wurde. Jede Seite zeigt mit ausgestrecktem Finger auf die andere, der Rest ist Glaubenssache.

Wir gingen damals dann doch eines Tages weg aus diesem geliebten Land und dieser ungeliebten Republik. Heimlich und illegal. Wir ließen manches hinter uns. Erinnerungen konnten wir mitnehmen, menschliche Bindungen nahmen wir uns vor zu erhalten, das Rosenthal-Service und einiges mehr blieb zurück. Aber wir dachten: Es ist ja nur bis zur Wiedervereinigung.

Denn bar aller späteren Erkenntnisse war für uns sonnenklar: Die Wiedervereinigung kommt. Und zwar bald. Sie mußte kommen, denn die Teilung war ja nicht normal. Heute, mit etwas Abstand, denkt man manchmal: War nicht das einige Deutsche Reich von 1871 bis 1945 der Ausnahmezustand in der deutschen Geschichte?

Die Wiedervereinigung kam nicht, und es schien lange Zeit so, als könnten sich die Deutschen daran gewöhnen. Den Westdeutschen fiel das ja auch nicht so schwer, da ihre Hälfte durch glückliche Fügung und eigene Anstrengung ganz wohnlich geworden war. Es wurde immer lauter öffentlich darüber nachgedacht, daß Wieder-Vereinigung kaum noch möglich und eigentlich auch nicht mehr nötig sei. Daß es vielmehr auf etwas ganz anderes ankomme: auf durchlässige Grenzen in jeder Richtung, auf annehmbare demokratische Grundrechte hier wie dort, auf leidlichen Wohlstand überall.

Das soll man nicht gering achten – als kurz- oder mittelfristige Ziele. Damit nicht noch mehr Generationen unverdient leiden müssen. Aber ich denke, daß auch diejenigen recht haben, die – und es werden ihrer immer mehr – größeres Engagement für das heute kaum noch (oder: noch kaum) vorstellbare Fernziel anmahnen: daß es wieder eins wird. Utopisten?

Wer konnte sich, sagen wir mal, im Jahr 1913 vorstellen, daß 1945 alles in Trümmern läge? Wer konnte sich 1945 vorstellen, daß 1989 zwei deutsche Staaten vierzigsten Geburtstag feierten? Wer kann sich 1989 vorstellen, was in vierzig Jahren ...?

Wer sich entschieden hat, dieses Buch zu lesen, der wird in der Regel jemand sein, dem diese Zukunft nicht gleichgültig ist. Auch mich wird dieses Thema vermutlich nicht mehr loslassen. Deswegen interessiert mich auch die Geschichte dieser deutschen Teilung.

Unser Buch, das aus Anlaß des 40. Jahrestags der Gründung der DDR entstanden ist, handelt von dieser Vergangenheit, und viele Leser werden darin sogar ihrer ganz persönlichen Vergangenheit begegnen.

Im Juli 1989 Dieter Zimmer

Berlin 1945

Nun war er über die Berliner gekommen, der totale Krieg. Der totale Krieg, den einige – bei Gott nicht alle! – noch kurz zuvor mit Goebbels im Sportpalast frenetisch herbeigejubelt hatten. Der totale Krieg, totaler und radikaler, als sie ihn sich hatten vorstellen können. Er war nur anders ausgegangen, als sie gedacht hatten.

Die Bomber der Briten und Amerikaner hatten immer ungehinderter Berlin und andere Städte des Reiches in Schutt und Asche gelegt. Entgegen der großspurigen Ankündigung des Reichsmarschalls Göring, er wolle Meyer heißen, wenn auch nur ein einziges feindliches Flugzeug ... Nun schwieg Meyer betreten.

Dann kam die Rote Armee. Seit Stalingrad, seit der Kriegswende vor mehr als zwei Jahren, war sie auf dem Marsch Richtung Westen. Langsam, aber unaufhaltsam. Mit ungeheuren Menschenmassen, immer noch, trotz Millionenverlusten, und mit einem ungeheuren Arsenal an Kriegsgerät, zu dem auch die Westmächte beigesteuert hatten.

Man mußte kein Stratege sein, um längst zu wissen, daß der Krieg für Deutschland verloren war. Die meisten wußten es auch, aber auf das laute Aussprechen dieser Wahrheit stand der Tod. Also gab man vor, an die Wunderwaffen und den Endsieg zu glauben.

Wie gern wären die Menschen, vom Krieg ausgelaugt, ihrer Wege gegangen. Aber ein fanatischer Führer wollte sein Volk, weil es sich als unterlegen erwies, mit in den Abgrund reißen. Es fanden sich genug, die ihm dabei halfen, aber leider gab es keinen, der erfolgreich Hand an ihn legte.

Also wurde gekämpft bis zum letzten Blutstropfen und Atemzug. Unvorstellbar heute, wie um ein zerschossenes Haus gerungen wurde, wo doch längst entschieden war, daß das ganze Reich verloren hatte.

Der Kampf um Berlin zählt wohl zu den Ekstasen der Weltgeschichte: militärisch und politisch ohne Sinn, ein Finale, das nur noch um der Dramatik willen zu Ende gebracht wurde. Im Westen und Süden des Reiches war es meistens glimpflicher abgegangen. Weit weg vom Führerbunker hatte es mehr Mut zur Kapitulation vor einem übermächtigen Gegner gegeben. Dort war es freilich auch ein anderer Gegner gewesen, einer, den man eher als Befreier anzusehen bereit war. Während also in vielen Teilen Deutschlands schon vorsichtig aufgeatmet wurde, lag Berlin Anfang Mai 1945 erschöpft am Boden.

Zeitzeuge: Dieter Borkowski
Ohne Hoffnung

»Ich war Luftwaffenhelfer der Wehrmacht. Mit 16 Jahren zog Hitler uns noch für die letzten Monate des Krieges zu den Fahnen, um seine Flak-Geschütze zu bedienen. Als die Schlacht um Berlin im April 1945 begann, zogen wir von den Flak-Türmen um in die Schützengräben am Friedrichshain und schossen auf Stalins Panzer.«

Dieter Borkowski, Jahrgang 1928, gehörte 1945 zum letzten Aufgebot im Endkampf um die Reichshauptstadt. »Am Morgen des 2. Mai, kurz vor der Kapitulation Berlins, wurden wir in die Schönhauser Allee befohlen, mit dem Auftrag, nach Prenzlau durchzubrechen. Dorthin sollte Großadmiral Dönitz entgegenkommen und mit uns weiterkämpfen gegen den Bolschewismus.«

»Berlin war ein einziger gigantischer Trümmerhaufen, in dessen Ruinen zwei Millionen Menschen mehr vegetierten als lebten. Es gab kein Wasser, es gab nichts zu essen. Ganze Straßenzeilen brannten, Menschen und Tiere lagen tot auf den Straßen, dazwischen die zerschossenen Panzer. Zuweilen sah ich Gehenkte, von Hitlers SS in letzter Minute hingerichtet wegen Verweigerung des Kriegsdienstes, mit Schildern: ›Ich habe Führer und Volk verraten und muß ehrlos sterben.‹ Wir hatten keine Hoffnung, den Krieg zu überleben. Hoffnungslosigkeit: viele Junge und Alte, Soldaten und Offiziere, die Selbstmord begingen. Einem toten Offizier nahm ich die Pistole ab und dachte auch einen Moment daran, mein eigenes Leben zu beenden.«

»Am S- und U-Bahnhof Schönhauser Allee brach dann unser Ausbruchsversuch in einem Feuerorkan der Roten Armee zusammen. Neben mir fielen Dutzende von Menschen. Ein schreckliches und nie zu vergessendes Erlebnis. Wenige Stunden später kam die Kapitulation.«

»Im Jubel fröhlicher Rotarmisten begann der erste Tag des Friedens. Die Berliner krochen aus den Trümmern hervor, schnitten sich Fleisch von erschossenen Pferden, plünderten die letzten Wehrmachtdepots. Es war ein einziges Chaos. Dazwischen die Rotarmisten – jubelnd, fröhlich, angetrunken, in die Luft schießend.«

»Sie stellten Stalin-Bilder auf, mit der Losung ›Die Hitler kommen und gehen, das deutsche Volk bleibt‹. Überall sah man diese Tafeln mit dem Generalissimus Stalin, dem neuen Führer, mit einem etwas breiteren Bart als der frühere. Doch die Parole, die hoffnungsvoll schien, bot für uns keine Hoffnung. Wir glaubten alle an Hitlers und Goebbels' Voraussagen, daß wir alle, falls wir kapitulierten, als Gefangene bis zu unserem Tod nun in den Bergwerken Rußlands oder in Sibirien arbeiten würden. Mit den anderen Soldaten trat ich den Marsch in die Kriegsgefangenschaft an. An einen wirklichen Frieden glaubten wohl die allerwenigsten. Es war die Stunde Null.«

Zeitzeuge: Wolfgang Leonhard

Als Erste in Berlin

»Am 2. Mai 1945 kamen wir von Osten her mit einer Wagenkolonne nach Berlin herein und sahen ein dramatisches Bild: brennende Häuser, umherirrende Menschen, versprengte deutsche Soldaten, die überhaupt nicht wußten, was los war, jubelnde, siegestrunkene und auch betrunkene Rotarmisten, dazwischen wieder Menschen, die vor den Pumpen warteten, um ein bißchen Wasser zu erhalten.«

Wolfgang Leonhard war zu diesem Zeitpunkt 24 Jahre alt. Er hatte als Sohn kommunistischer deutscher Emigranten über zehn Jahre in der Sowjetunion gelebt und sich zuletzt auf künftige politische Aufgaben im besiegten Deutschland vorbereitet.

»Was wir erhofften, war, einen völlig neuen Weg zu beginnen, einen eigenständigen Weg. Wir dachten, wir würden nun beitragen zu einer antifaschistisch-demokratischen Entwicklung in Deutschland. Selbstverständlich glaubten wir damals an ein einheitliches Deutschland.«

Am 30. April, dem Tag, an dem Hitler sich umbrachte, hatte Leonhard um sechs Uhr morgens vor dem Moskauer Hotel »Lux« die Mitglieder der Gruppe getroffen, die als erste in Berlin eingesetzt werden sollte. Mit einer amerikanischen »DC 3« wurden sie hinter der sowjetischen Front, in der Nähe von Frankfurt/Oder, abgesetzt, während in Berlin noch der Endkampf tobte. Von den zehn Mann war Leonhard der jüngste, Anführer, ganz unbestritten, Walter Ulbricht.

»Noch am selben 2. Mai, an dem wir nach Berlin hereinkamen«, berichtet Leonhard, »trafen wir deutsche Kommunisten. Die Wagenkolonne mit den zehn Mitgliedern der ›Gruppe Ulbricht‹ wurde aufgeteilt für verschiedene Berliner Bezirke. Zu mir sagte Ulbricht: ›Du bleibst bei mir.‹ Ulbricht und ich, mit einem sowjetischen Chauffeur in Uniform, fuhren nach Neukölln.«

»Dort traf ich zum ersten Mal deutsche Kommunisten, die die Nazizeit überlebt hatten. Es war in einem kleinen Mietshaus, natürlich zerstört wie alles, ohne Licht, mit Petroleumlampe. Da saßen zwölf Kommunisten. Richtige deutsche Kommunisten! Ihre Augen glänzten, sie riefen: Mensch, Ulbricht! Sie waren ganz mitgenommen, aber gleichzeitig sehr realistisch, daß nun praktische Arbeit sein müßte.«

»Ich dachte, Ulbricht würde jetzt sagen: Erzählt doch mal, wie war's denn hier, was denkt ihr so? Denn schließlich mußten wir ja von den deutschen Kommunisten lernen. Aber dem war nicht so. Ulbricht nahm ein Blatt Papier mit Namen von Kommunisten und fragte: Wie hat sich der verhalten? Wo war der? Können wir mit dem rechnen? Was hat sich der zuschulden kommen lassen? Er war wie ein Auftraggeber. Es war eine Dissonanz zwischen diesen hoffnungsvollen deutschen Kommunisten und dieser bürokratischen Art Ulbrichts. Dann sagte er: Und nun die politische Linie. Er gab kurz und klar, deutlich und prägnant die politische Linie bekannt. Mir wurde sofort bewußt: Ulbricht bestimmt hier und nicht die Neuköllner oder sonstigen deutschen Kommunisten. Ich hatte ein etwas unangenehmes Gefühl. Ich glaube, meine ersten kritischen Gedanken kamen mir an diesem 2. Mai 1945 bei der Begegnung Ulbrichts mit den Neuköllner Kommunisten.«

»Unmittelbar nach Kriegsende«, erinnert sich Wolfgang Leonhard, »entstanden überall, auch in den Bezirken Berlins, antifaschistische Komitees, die sofort an die Arbeit gingen. Sie wußten, das wichtigste ist jetzt, die Lebensmittelversorgung zu organisieren, die Wasserversorgung zu gewährleisten, mit Ingenieuren die Verkehrsbetriebe in Gang zu bringen, Verwaltungen aufzubauen, Ärzte zu finden, damit die Krankenhäuser funktionierten. Ich habe viele dieser Büros kennengelernt.«

»Aber dann, bei unserer abendlichen Besprechung, sagte uns Ulbricht: Diese Dinge sind sofort aufzulösen, da sind zweifelhafte Elemente drin, das sind vielleicht sogar Tarnorganisationen der Nazis. Und außerdem: Komitee ist nix, wir müssen uns auf die Verwaltung konzentrieren. Diese Komitees, befahl er, gehören aufgelöst! Schweren Herzens habe ich das getan. Ich glaubte schon damals, das sei ein Fehler. Erst später verstand ich: Mit der Auflösung der Komitees verfolgte Ulbricht das Ziel, alles von oben zu bestimmen und jede spontane antifaschistische Tätigkeit von unten sofort abzuwürgen.«

»Ein Problem waren die Übergriffe der Roten Armee, die es in großem Ausmaß gab. Wir hatten seit dem 13. Mai neben dem Büro der Gruppe Ulbricht in der Prinzenallee 80, heute Einbecker Straße 41, Bezirk Lichtenberg, ein größeres Lokal; da trafen sich immer 100 bis 120 Berliner Kommunisten, also richtige Kommunisten aus Deutschland, und Ulbricht gab die Direktiven aus. Mehrmals sagten die Berliner Kommunisten: Unsere Frauen sind vergewaltigt worden, wir müssen das Recht auf Abtreibung haben, wir müssen das offen bei den sowjetischen Freunden zur Sprache bringen. Aber Ulbricht lief rot an und sagte: Ich dulde keine solche Diskussion. Die Kommunisten haben gemurrt und sich dann der Linie Walter Ulbrichts gebeugt.«

»Am 10. Mai 1945 kamen drei Lastwagen an mit Kommunisten, die im Zuchthaus Brandenburg die Nazizeit verbracht hatten. Einer von ihnen war der damals 33jährige Erich Honecker. Er fiel mir nicht besonders auf, er war nüchtern, klar, ein typischer parteitreuer Funktionär. Ulbricht war da, ich saß daneben und mußte Protokoll führen. Honecker fragte ganz ruhig und sachlich: Welche Aufgaben gibt es? Ulbricht sagte nur ganz kurz: Du wirst für die Jugendarbeit verantwortlich sein. Mach schon mal ein paar programmatische Vorschläge dafür!«

Zeitzeuge: Egon Bahr

»Bitte wirklichkeitsnäher!«

Egon Bahr wurde schon wenige Tage nach Kriegsende in Berlin Journalist. Im Mai 1945 fing er bei der *Berliner Zeitung* an. Er war 23 Jahre alt, hatte 1940 Abitur gemacht, dann bei der Wehrmacht gedient, bis diese ihn wegen seiner jüdischen Großmutter entließ. Als Dienstverpflichteter bei Rheinmetall-Borsig hatte er in Berlin den Zusammenbruch des Dritten Reichs erlebt.

»Ich habe relativ einfach überlebt«, sagt Egon Bahr heute. »Ich war in Tegelort, das ist eine Halbinsel, die verteidigt man nicht, also wird sie auch nicht angegriffen. Ich habe das Ende nur als Einmarsch der Roten Armee erlebt, wenn auch mit allen schrecklichen Sachen wie ›Frau, komm mit!‹ und ›Uhri, Uhri!‹ undsoweiter. Wir waren erstmal froh, alles überstanden zu haben, ich fühlte mich befreit und merkte erst ein paar Tage später, daß in einem einzigen Punkt Goebbels recht behalten hatte: Das Ende wird schrecklich! Das war es auch.«

Journalist der ersten Stunde: War das mehr Broterwerb oder mehr Engagement für einen politischen Neuaufbau?

»Nun, dieser Wunsch, irgend etwas zu tun, damit so etwas wie in den letzten zwölf Jahren nicht noch einmal passieren könnte, der war schon da. Aber der primitive Grund war: Ich mußte Geld verdienen. Ich war der Auffassung gewesen, wenn der Krieg zu Ende ist, gilt das alte Geld nicht mehr, also kann man alles ausgeben. Das war falsch. Wir brauchten Geld, um die Lebensmittel auf die kargen Karten kaufen zu können. Und da ging ich dann halt zur Zeitung.«

»Die erste, die in Berlin aufgemacht wurde, hieß *Tägliche Rundschau* und war das Organ der Roten Armee. Ich fand: Nein, da gehst du nicht hin. Die nächste Zeitung, die neu aufmachte, war die *Berliner Zeitung*. Ich dachte, das macht einen deutschen Eindruck, da gehst du hin. Ich fand natürlich auch dort die sowjetischen Kontrolloffiziere, aber daneben sehr interessante Deutsche, die aufgetaucht waren, zum Beispiel Helmut Kindler, der später einen großen Verlag hier im Westen gemacht hat, oder Fritz Erpenbeck. Andere kamen hinzu, und es ging eigentlich ganz gut – bis die kommunistischen Emigranten aus Moskau zurückkehrten. Herr Herrnstadt übernahm die Chefredaktion der Zeitung, und da bekam ich auch relativ schnell Schwierigkeiten.«

Wolfgang Leonhard hat aus den Wochen unmittelbar nach dem Krieg den Ausspruch Walter Ulbrichts überliefert, der im Moskauer Auftrag die Verwaltung Berlins neu organisieren sollte: »Es muß demokratisch aussehen, aber wir müssen alles in der Hand haben.« Egon Bahr bestätigt, daß das auch für die neuentstandene Presse galt. Rudolf Herrnstadt, ab 1949 übrigens Chefredakteur des SED-Zentralorgans *Neues Deutschland,* brachte die *Berliner Zeitung* auf Linie.

»Das war ein Blatt, das Herrnstadt wirklich hart gelenkt hat. Und zu allem Überfluß, möchte man fast sagen, waren ja noch die sowjetischen Kontrolloffiziere da, die wir bald unterschieden in den Moskowiter Typ, das war der harte Parteityp, und den Petersburger Typ, das war, wie wir es damals empfanden, gewissermaßen die Kombination aus journalistisch gutem Handwerk und menschlicherem Umgang, aufgeschlossen nicht nur für östliche, sondern auch für westliche Argumentation. Herrnstadt jedenfalls wollte eine Zeitung machen, die sozusagen vom Wiederaufbau triefte. Er fand, ich sollte meine Artikelchen ein bißchen ›wirklichkeitsnäher‹ machen.«

Genau das hatte Egon Bahr nicht im Sinn. Eine – eigentlich belanglose – Wiederaufbau-Reportage führte zur Trennung.

»Ich habe mal reingeguckt in so eine Baustelle der U-Bahn. Für die Reportage hatte mir Herrnstadt drei Tage Zeit gegeben. Es war ja alles nicht so einfach. Ich fuhr mit dem Fahrrad umher, es gab ja noch keine Verkehrsmittel, und hatte einen Kanten trocken Brot im Brotbeutel mit. Ich habe zwei der drei Tage in herrlichem Nichtstun verlebt. Dann habe ich eine richtig triefende Reportage geschrieben. Er sagte mir, das sei lebensecht! Ich habe mich dann schnell von der *Berliner Zeitung* getrennt.«

»Zu der amerikanisch geführten *Allgemeinen Zeitung* bin ich im Grunde genommen durch einen Zufall gekommen. Eines Tages stand ein amerikanischer Sergeant vor meiner Tür und redete mich mit Vornamen an. Es stellte sich heraus, daß er ein alter Freund der Familie war. Er war in den dreißiger Jahren über Paris nach Amerika ausgewandert und kam nun als Sergeant zurück. Er sagte: ›Wir machen 'ne neue Zeitung auf, wenn du nichts zu tun hast, komm!‹ Es war Hans Habe. Da habe ich dann Journalismus gelernt: Wann, wer, wie, wo, was? Bitte im ersten Satz!«

Mit dem Einrücken der westlichen Alliierten in ihre Sektoren am 1. Juli 1945 hatte sich das Leben in Berlin auf fast allen Gebieten geändert. Wie schnell teilte sich die Zeitungslandschaft in Ost und West?

»Das hat länger gedauert«, erinnert sich Egon Bahr. »Man darf ja nicht vergessen, daß die Grenzen zwischen den Sektoren Verwaltungsgrenzen waren, daß aber die Einheit der Stadt und des Lebens in ihr erhalten war. Erst im Herbst, bei den ersten Wahlen, gab es eine schärfere Unterscheidung, und natürlich dann im Zusammenhang mit den Auseinandersetzungen zwischen SPD und KPD um die Zwangsverschmelzung zur SED im Frühjahr 1946. Die Kollegen haben eigentlich die Zeitungen erst im Laufe des Jahres 1946 gewechselt. Da fing der politische Lackmustest an.«

Mai 1945: Ein Ende mit Schrecken. Der »totale Krieg« ist anders ausgegangen, als Goebbels versprochen hat.

Der Reichstag in Berlin, dessen Brand 1933 wie ein unheilvolles Fanal gewirkt hatte, liegt nun in Trümmern.

*Eine Straße in Berlin 1945.
Eine fanatische Führung hatte befohlen, die Reichshauptstadt bis zum letzten Blutstropfen und bis zur letzten Patrone zu verteidigen – obwohl der Krieg längst verloren war.*

*Das wohl berühmteste Foto vom Kriegsende in Berlin: die rote Fahne über dem Reichstag.
Auch wenn es erst nach Ende der Kampfhandlungen aufgenommen wurde, hat es für die siegreiche Sowjetunion einen hohen Symbolwert.*

Das Leben regt sich wieder in Berlin. Straßenbahnen und Busse, die den Krieg überstanden haben, verkehren auf notdürftig geräumten Straßen.

Von Wiederaufbau kann noch keine Rede sein. Mit Flickwerk schaffen sich die Berliner bewohnbare Provisorien.

Unter den Augen der Sieger versuchen die Besiegten, sich in der Trümmerwüste Berlin zurechtzufinden.

Der Dresdner Zwinger: In einem militärisch sinnlosen Bombardement der Briten und Amerikaner ist noch kurz vor Kriegsende, am 13. Februar 1945, die weltberühmte Barockstadt an der Elbe zerstört worden.

Der Wiederaufbau von Dresden, so sagen Fachleute schon unmittelbar nach Kriegsende, wird mindestens fünfzig Jahre dauern. Vielen Dresdnern erscheint das unvorstellbar lang – damals.

Bedingungslose Kapitulation.
Hitlers Generale unterzeichnen in der Nacht vom 8. auf den 9. Mai 1945 in Berlin-Karlshorst im Namen der Deutschen Wehrmacht: Generaloberst Stumpff, Generalfeldmarschall Keitel, Admiral von Friedeburg.
Eineinhalb Jahre später wird Keitel im Nürnberger Kriegsverbrechergefängnis hingerichtet.

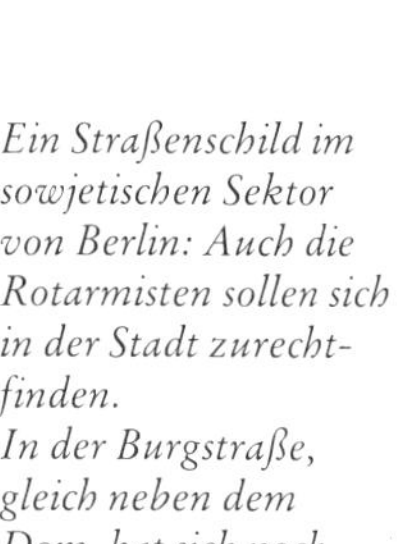

Ein Straßenschild im sowjetischen Sektor von Berlin: Auch die Rotarmisten sollen sich in der Stadt zurechtfinden.
In der Burgstraße, gleich neben dem Dom, hat sich noch wenige Monate zuvor die Gestapo-Leitstelle befunden.

Vier Tage nach der Kapitulation: Der sowjetische Generaloberst Bersarin läßt den Berlinern mitteilen, wovon sie in den nächsten Wochen leben sollen.

AN DIE BEVÖLKERUNG DER STADT BERLIN

Um die regelmäßige Versorgung der Berliner Bevölkerung mit Lebensmitteln sicherzustellen, hat das Sowjetische Militärkommando durch den Kommandanten der Stadt Berlin der Stadtverwaltung ausreichende Mengen von Lebensmitteln zur Verfügung gestellt.

Gemäß Befehl des Militärkommandanten der Stadt Berlin, Generaloberst BERSARIN, sind ab 15. Mai 1945 folgende, feste Lebensmittelrationen **pro Person und Tag** festgesetzt worden:

Brot

1.) Schwerarbeiter und Arbeiter in gesundheitsschädlichen Betrieben 600 gr.
2.) Arbeiter, die nicht in schweren oder gesundheitsschädlichen Berufen tätig sind 500 gr.
3.) Angestellte 400 gr.
4.) Kinder, nichtberufstätige Familienangehörige und die übrige Bevölkerung 300 gr.

Nährmittel

1.) Schwerarbeiter und Arbeiter in gesundheitsschädlichen Betrieben 80 gr.
2.) Arbeiter, die nicht in schweren oder gesundheitsschädlichen Berufen tätig sind 60 gr.
3.) Angestellte 40 gr.
4.) Kinder, nichtberufstätige Familienangehörige und die übrige Bevölkerung 30 gr.

Fleisch

1.) Schwerarbeiter und Arbeiter in gesundheitsschädlichen Betrieben 100 gr.
2.) Arbeiter, die nicht in schweren oder gesundheitsschädlichen Berufen tätig sind 65 gr.
3.) Angestellte 40 gr.
4.) Kinder, nichtberufstätige Familienangehörige und die übrige Bevölkerung 20 gr.

Fett

1.) Schwerarbeiter und Arbeiter in gesundheitsschädlichen Betrieben 30 gr.
2.) Arbeiter, die nicht in schweren oder gesundheitsschädlichen Berufen tätig sind 15 gr.
3.) Angestellte 10 gr.
4.) Kinder 20 gr.
5.) Nichtberufstätige Familienangehörige und die übrige Bevölkerung 7 gr.

Zucker

1.) Schwerarbeiter und Arbeiter in gesundheitsschädlichen Betrieben und Kinder 25 gr.
2.) Arbeiter, die nicht in schweren oder gesundheitsschädlichen Berufen tätig sind, sowie Angestellte 20 gr.
3.) Nichtberufstätige Familienangehörige und die übrige Bevölkerung 15 gr.

Kartoffeln

Für jeden Einwohner 400 gr.

13. Mai 1945.

Bohnenkaffee, Kaffee-Ersatz und echter Tee

1.) Schwerarbeiter und Arbeiter in gesundheitsschädlichen Betrieben: 100 gr. Bohnenkaffee, 100 gr. Kaffee-Ersatz und 20 gr. echten Tee **im Monat.**
2.) Arbeiter, die nicht in schweren oder gesundheitsschädlichen Berufen tätig sind, sowie Angestellte: 60 gr. Bohnenkaffee, 100 gr. Kaffee-Ersatz und 20 gr. echten Tee **im Monat.**
3.) Kinder, nichtberufstätige Familienangehörige und die übrige Bevölkerung: 25 gr. Bohnenkaffee, 100gr. Kaffee-Ersatz und 20 gr. echten Tee **im Monat.**

Salz

Für jeden Einwohner **monatlich** 400 gr.

*

Mengen und Form der Versorgung mit Milch, weißem Käse und anderen Milcherzeugnissen werden nachträglich bekanntgegeben.

*

Verdiente Gelehrte, Ingenieure, Ärzte, Kultur- und Kunstschaffende, sowie die leitenden Personen der Stadt- und Bezirksverwaltungen, der großen Industrie- und Transportunternehmen erhalten die gleichen Lebensmittelrationen, die für Schwerarbeiter festgesetzt sind. Die Liste dieser Personen muß vom zuständigen Bürgermeister bestätigt werden.

Sonstige technische Angestellte in Betrieben und Unternehmen, Lehrer und Geistliche, erhalten die gleichen Lebensmittelrationen, die für Arbeiter festgesetzt sind.

*

Kranke in Krankenhäusern erhalten Verpflegung entsprechend den Sätzen, die für Arbeiter festgesetzt sind. Kranke, die besonderer Ernährung bedürfen, erhalten eine Sonderverpflegung entsprechend den Sätzen, die von der städtischen Abteilung für Gesundheitswesen festgesetzt sind.

*

Die Brotausgabe erfolgt täglich, wobei der Verbraucher das Recht hat, Brot für zwei Tage — und zwar für den Kalendertag und den nächsten Tag — zu erhalten.

Fleisch, Fett, Zucker, Nährmittel und Kartoffeln **für den Monat Mai** werden entsprechend den festgelegten Tagessätzen in zwei Zuteilungen ausgegeben:

erstmalig für die Zeit vom 15. Mai bis 21. Mai, d. h. für sieben Tage, und das zweite Mal für die Zeit vom 22. Mai bis 31. Mai, d. h. für zehn Tage.

Salz für die Zeit vom 20. bis 31. Mai wird in der Menge des festgelegten Monatsatzes ausgegeben.

Bohnenkaffee und echter Tee wird vom 25. bis 31. Mai ausgegeben, Kaffee-Ersatz vom 21. bis 31. Mai in der Menge des festgelegten Monatsatzes.

Die Ausgabe der Lebensmittelkarten mit den neu festgelegten Sätzen an die gesamte Berliner Bevölkerung erfolgt spätestens am 14. Mai ds. Js.

Bis zum 15. Mai erfolgt die Zuteilung der Lebensmittel, entsprechend den zeitweiligen Sätzen der früher an die Bevölkerung ausgegebenen Lebensmittelkarten, welche bis zum 14. Mai in Kraft bleiben.

STADTVERWALTUNG VON BERLIN.

Ein bitterkalter Nachkriegswinter läßt die Kohlen knapp werden. Wer nicht erfrieren will, muß im Zweifel »schwarze« Kohlen organisieren.

Selbst Wasser muß herbeigeschleppt werden, weil viele Leitungen zerstört oder eingefroren sind. Den Kindern bleibt wenig Zeit zum Spielen.

Viele alte Leute erleben es zum zweiten Mal: Hunger und Not nach einem verlorenen Krieg. Leiden müssen auch die, die gegen Hitler waren.

Suppenausgabe in einer Wärmestube im Ost-Berliner Bezirk Lichtenberg. Die »Volkssolidarität«, im Oktober 1945 von den Parteien und dem FDGB gemeinsam gegründet, kümmert sich um bedürftige, vor allem um alte Menschen. Im »Katastrophenwinter« 1946/47 erfrieren allein in Berlin über 200 Menschen. 40 000 müssen wegen Erfrierungen behandelt werden.

Allein in Berlin hat der Krieg über 70 Millionen Kubikmeter Trümmerschutt hinterlassen – Ergebnis von mehr als 350 Bombenangriffen. Was in Jahrhunderten erbaut wurde, hat Hitlers Krieg in Jahren vernichtet. Feldbahnen gehören nun für lange Zeit zum Straßenbild.

Die »Trümmerfrauen« werden zur Legende – bis heute. In Berlin sind es etwa 40 000, die diese Knochenarbeit verrichten. Viele tun es nur, um mit einer besseren Lebensmittelkarte ihre Kinder durchzubringen.

»Hamstern« gehört zum Alltag. Die hungernden Städter fahren mit Lastwagen oder überfüllten Zügen aufs Land. Sie kommen mit Uhren, Schmuck, Porzellan, sie kehren zurück mit Kartoffeln, Butter, Speck. Die offiziellen »Organe« wettern dagegen, können es aber selten unterbinden. Der Hunger ist stärker als die Angst vor der Polizei.

Flüchtlinge und Vertriebene. 1,3 Millionen Menschen kommen bis Oktober 1945 aus dem Osten in das zerstörte Berlin. Sie werden so schnell wie möglich weitergeleitet. Dennoch müssen ständig rund 50000 von ihnen in Berlin vorübergehend untergebracht und ernährt werden.

Ein Zeitungskiosk in Ost-Berlin. Noch herrscht publizistische Vielfalt. Neben der »Täglichen Rundschau«, dem Organ der sowjetischen Besatzungsmacht, und dem »Neuen Deutschland«, dem Zentralorgan der SED, hängt die (auch heute noch erscheinende) West-Berliner Zeitung »Der Tagesspiegel«.

Ein Dach über dem Kopf ist – neben einem halbwegs gefüllten Magen – das Wichtigste in jenen Jahren. Zur Not tut es Wellblech.

Allein im Ost-Sektor Berlins sind 185 000 Wohnungen im Krieg

zerstört worden. Wo immer es mit den bescheidenen Mitteln der Zeit möglich ist, werden Ruinen bewohnbar gemacht.

Die Russen kommen

Es gehört zu den heikelsten Kapiteln der Kriegs- und Nachkriegsgeschichte. In der DDR ist das Thema bis heute öffentlich tabu. In der Sowjetunion kann schon andeutungsweise darüber geredet werden. In der Bundesrepublik, die davon nicht betroffen war, kann man offen darüber reden, aber es wird oft von den falschen Leuten getan. Die Rede ist von den Greueltaten der Roten Armee beim Sieg über Deutschland.

Wegzudiskutieren sind die Geschehnisse nicht. Es wurde geplündert und gebrandschatzt, es wurde auch vergewaltigt und gemordet. Keiner kennt Zahlen, aber ungezählte Familien können Beispiele bezeugen.

Allerdings: Die Opfer und ihre Angehörigen in ihrem gerechten Zorn vergessen gern die Vorgeschichte. Und damit das Prinzip, das in dem Sprichwort ausgedrückt ist: Wer Wind sät, wird Sturm ernten.

Die Sowjetunion wurde überfallen. Ob sie, nach der schäbigen Kumpanei mit Hitler auf dem Rücken der Polen, von dem Angriff überrascht wurde oder nicht, ob sie selbst längerfristig Eroberungspläne hegte oder nicht – sie wurde im Juni 1941 von Hitler-Deutschland überfallen. Ihre Bevölkerung, die zum Teil beim Einmarsch der Deutschen sogar die Befreiung von Stalin erhoffte, wurde so behandelt, wie es die Ideologie der Nationalsozialisten vorsah: als Untermenschen. Die Ausrottung der Intelligenz, die Versklavung der übrigen Bevölkerung, der Massenmord an Kriegsgefangenen, das war vor allem das Werk der SS. Aber längst hat sich herumgesprochen, daß Teile der Wehrmacht die SS nicht im Stich ließen.

Zwanzig Millionen Menschen hatte die Sowjetunion geopfert, bis ihre Soldaten Deutschland eroberten. Nun kam die Rache.

Waren sie nicht alle Nazis, diese Deutschen? Hatten sie nicht alle schnell noch die SS-Uniform ausgezogen und das Parteiabzeichen weggeworfen?

Es gibt aus jener Zeit ungezählte Berichte über großartige Fairneß und Hilfsbereitschaft sowjetischer Offiziere und Soldaten. Aber eben auch glaubhafte Schilderungen bestialischer Untaten.

Wenn heute DDR-Bürger die Sowjetsoldaten ironisch als »die Freunde« bezeichnen und sie als »arme Schweine« bedauern, die fern der Heimat unter unbeschreiblichen Umständen ihren Dienst ableisten müssen, so ist nicht mehr viel zu spüren von der Angst und dem Haß der Nachkriegsjahre. Aber die Vorbehalte gegenüber dem politischen System der Sowjetunion haben darin eine ihrer Wurzeln.

Die Großen Drei in Potsdam

Glaubt man den Wegweisern in der Stadt, dann hat Potsdam nur zwei Sehenswürdigkeiten: Sanssouci, das Schloß des »Alten Fritz«, und den Cecilienhof, die »historische Gedenkstätte des Potsdamer Abkommens«.

Schloß Cecilienhof – das ist heute auch eines der besseren Hotels in der DDR, und ein Hauch von Geschichte ist gleichsam im Preis inbegriffen. Die Gedenkstätte gilt inzwischen als obligatorisches Ziel für die Touristen aus Ost und West. Sie sehen die Arbeitszimmer der drei Delegationen und den gemeinsamen Konferenzraum, in dem über das weitere Schicksal der besiegten Deutschen vom 17. Juli bis zum 2. August 1945 verhandelt wurde.

Wer Zeit und Muße hat, schaut auch einmal aus dem Fenster auf den Garten und entdeckt ein Stück deutsch-deutscher Realität: Ein Grenzzaun trennt den Rasen vom Jungfernsee. Ein guter Schwimmer könnte von hier aus West-Berlin erreichen …

Stalin, Truman und Churchill trafen sich hier zur letzten Gipfelkonferenz der Anti-Hitler-Koalition. (Churchill wurde nach dem Wahlsieg der Labour Party noch während der Konferenz von Attlee abgelöst.) Der Begriff »Kalter Krieg« war damals noch nicht erfunden, aber schon in Potsdam begegneten sich Ost und West mit Mißtrauen. Gemeinsam hatte man zwar den Krieg in Europa siegreich beendet, die Grundlagen für einen dauerhaften Frieden ohne Konfrontation wurden aber in Potsdam nicht gelegt.

Trotzdem einigten sich die Alliierten in wichtigen Punkten: Man richtete sich auf eine langjährige Besatzungszeit ein und betrachtete Deutschland als Objekt alliierter Politik. Die Grenzfrage wurde im Sinne der Sowjetunion gelöst, indem die ehemals deutschen Gebiete östlich von Oder und Neiße der polnischen bzw. sowjetischen Verwaltung unterstellt und nicht als Teil der sowjetischen Besatzungszone betrachtet wurden. Die Westmächte erklärten sich auch mit der Ausweisung der deutschen Bevölkerung aus Polen, der Tschechoslowakei und aus Ungarn einverstanden.

Die höchste Regierungsgewalt in ganz Deutschland sollte der Alliierte Kontrollrat ausüben (diese Vereinbarung hielt nur bis zum März 1948), doch in ihren eigenen Besatzungszonen wollten die Siegermächte alleine regieren. Gemeinsam war man sich einig, daß Deutschland Wiedergutmachung zu leisten habe, daß Militarismus und Faschismus auszurotten seien und in Deutschland nun demokratische Strukturen entstehen sollten. Doch bei den unterschiedlichen Auffassungen in Ost und West – nicht nur hinsichtlich der Demokratie – waren die Differenzen über Auslegung und Anwendung des Potsdamer Abkommens bereits vorprogrammiert. Unstrittig ist aber bis heute die Verantwortung der Alliierten für ganz Deutschland geblieben.

Unter den akkreditierten Journalisten in Potsdam war damals übrigens ein Mann, der Jahre später diese Verantwortung auf amerikanischer Seite tragen sollte: John F. Kennedy.

Zeitzeuge:

Wladimir Semjonow

Die drei »D«

»Das Ziel unserer Deutschlandpolitik ließ sich 1945 mit den berühmten drei ›D‹ umschreiben: Denazifizierung, Demokratisierung, Demilitarisierung in einem einheitlichen, friedlichen und demokratischen Deutschland.«

Wladimir Semjonow war bei Kriegsende 34 Jahre alt, als er wieder nach Deutschland kam. Schon von 1939 bis zum Überfall Hitler-Deutschlands auf die UdSSR im Juni 1941 hatte der Diplomat an der sowjetischen Botschaft in Berlin gearbeitet. Semjonow, der sich schon während seines Studiums zum Kenner deutscher Geschichte und Philosophie ausgebildet hatte, erlebte die Geschichte der SBZ und die Anfangsjahre der späteren DDR aus nächster Nähe mit. Im besiegten Deutschland wurde er 1946 der höchste zivile Mitarbeiter der Sowjetischen Militär-Administration in Deutschland (SMAD).

»Marschall Tschuikow, der Oberbefehlshaber der SMAD, hat mich damals als politischen Berater vorgeschlagen. Das war eine sehr wichtige, komplizierte Aufgabe. Alle wichtigen Entscheidungen in der SBZ wurden vom Oberkommandierenden und vom politischen Berater getroffen. Gemeinsam formulierten wir auch die Berichte nach Moskau.«

Wladimir Semjonow hatte also intime Kenntnis der sowjetischen Deutschlandpolitik. Westliche Historiker nehmen an, Moskau habe schon 1945 alternative Pläne für einen ostdeutschen Separatstaat gehabt. Dazu Semjonow: »Nein, auf keinen Fall. Wir wollten das nicht. Unsere Aufgabe bestand im Aufbau einer antifaschistischen, demokratischen Ordnung in unserer Zone. Die erwähnten drei ›D‹ waren der Inhalt unserer Politik. Die Überlegung, einen eigenen Staat in unserer Zone zu gründen, war eine Antwort auf die entsprechenden Maßnahmen im Westen: die Gründung der Bizone, die separate Währungsreform und so weiter. In Westdeutschland gab es einen ganz klaren Kurs auf Separierung und die spätere Einbeziehung in den Nordatlantik-Pakt. Wir haben versucht, diese Entwicklung zu bekämpfen.«

»Aber ich möchte noch einmal auf unsere Hauptaufgaben in unserer Zone zurückkommen. Eine der wichtigsten Maßnahmen war die Bodenreform. Aus den Kreisen der Junker und Fürsten kamen die Kommandeure von Hitlers Reichswehr. Diese Schicht der Großgrundbesitzer mußte ihre Macht verlieren, wenn Deutschland friedlich und demokratisch werden sollte. Wir fuhren mit der Führung der KPD nach Moskau zu Stalin, um die geplante Bodenreform zu beraten. Wir diskutierten mit ihm die Obergrenze des Landbesitzes, der von der Bodenreform unberührt bleiben sollte. Stalin schlug vor, daß die Grenze bei 100 Hektar liegen sollte; die Rechte der Großbauern sollten nicht beschnitten werden. Stalin meinte, daß mit dieser Obergrenze wirklich nur die Junker getroffen und nicht unnötig andere Menschen aus ihren gewohnten Lebensumständen gestoßen würden. So haben wir es dann durchgeführt.«

»Unsere zweite Aufgabe war die Enteignung der Betriebe von Militär- und Nazi-Verbrechern. Es gab dazu ein Referendum im Land Sachsen, übrigens auch in Hessen. In beiden Fällen war eine Mehrheit für solche Enteignungen, aber im Westen war die amerikanische Administration dagegen. Bei uns wurden die Enteignungen durchgeführt und die ökonomische Machtkonzentration, wie es im Potsdamer Abkommen vorgesehen war, aufgehoben. Unsere Reformen waren antifaschistisch und demokratisch. Wir haben Hand an die Wurzeln der Militaristen und Nazis gelegt.«

Im Gegensatz zu den Militärregierungen im Westen hat die SMAD schon im Juni 1945 einen Befehl erlassen, der die Gründung von Parteien gestattete.

»Das Ziel war, so rasch wie möglich die Aktivität der Bevölkerung zu wecken, mit einem Vielparteien-System und mit Glasnost. Alle Parteien konnten Zeitungen herausgeben und sich öffentlich artikulieren.«

Die KPD wurde als erste Partei zugelassen, die SPD folgte kurz darauf. In beiden Parteien wurde bald die Frage der Vereinigung zu einer Arbeiterpartei diskutiert. Diese Vereinigung war nach westlicher Ansicht erzwungen, auf Druck der KPD und der SMAD.

»So war das auf keinen Fall. Ich habe über die Vereinigung mit Otto Grotewohl und anderen Sozialdemokraten mehrere Gespräche geführt. Sie waren tief überzeugt davon, daß eine Wiederherstellung der Einheit der Arbeiterklasse und der Partei ihren Interessen entspricht. Grotewohl sagte mir, er sei mehrmals von Schumacher zu Gesprächen darüber in den Westen eingeladen worden. Er hat verzichtet, weil er ein sehr überzeugter Anhänger dieser Idee einer demokratischen, antifaschistischen Linie war.«

Doch wie erklärt sich Semjonow, daß Gegner der Vereinigung unter Druck gerieten, verhaftet wurden?

»Mir ist das nicht bekannt. Die Verhaftung namhafter Personen hat es nicht gegeben. Wir haben auch keine Prozesse gehabt. Es gab interne Bewegungen in den Parteien, aber diese Bewegungen waren Sache der Parteien.«

»1948 geschah etwas sehr Wichtiges: Da haben die Entnazifizierungs-Kommissionen ihre Arbeit abgeschlossen. Ehemalige Mitglieder der Nazi-Partei, die sich keiner eigenen Verbrechen schuldig gemacht hatten, bekamen ihre passiven und aktiven Rechte als Bürger zurück. Millionen Deutsche konnten nun am Aufbau teilnehmen. Es gab nur noch Prozesse gegen Kriminelle, die sich vor Gericht verantworten mußten. Politische Prozesse gab es nicht.«

Soweit Erinnerungen von Wladimir Semjonow, der, als einer der besten Deutschland-Experten seines Landes, über die Jahrzehnte die Beziehungen der beiden deutschen Staaten zur Sowjetunion begleitet hat.

»Schaffendes Volk in Stadt und Land!«

Einen Monat und zwei Tage war der Krieg erst vorbei, als die SMAD am 10. Juni 1945 den »Befehl Nr. 2« erließ:

»1. Auf dem Territorium der sowjetischen Okkupationszone in Deutschland ist die Bildung und Tätigkeit aller antifaschistischen Parteien zu erlauben, die sich die endgültige Ausrottung der Überreste des Faschismus und die Festigung der Grundlage der Demokratie und der bürgerlichen Freiheiten in Deutschland und die Entwicklung der Initiative und Selbstbetätigung der breiten Massen der Bevölkerung zum Ziel setzen.
2. Der werktätigen Bevölkerung der sowjetischen Okkupationszone in Deutschland ist das Recht zur Vereinigung in freien Gewerkschaften und Organisationen zum Zweck der Wahrung der Interessen und Rechte der Werktätigen zu gewähren ...«

Unter der Kontrolle der SMAD sollten Parteien und Gewerkschaften neu entstehen. Nur ein allgemeiner Rahmen war vorgegeben durch die Begriffe »antifaschistisch«, »Demokratie« und »bürgerliche Freiheiten«. Die deutschen Politiker insgesamt und die Alliierten in den Westzonen waren überrascht. Dort war man von der Wiederzulassung deutscher Parteien weit entfernt, während die SMAD, so schien es, in ihrer Zone die Grundlage für ein pluralistisches Parteiensystem schuf, wie es einer bürgerlichen Gesellschaft entsprach, nicht aber dem sowjetischen System. Nur die Einschränkung, daß sich die Organisationen registrieren lassen und ihre Vorstandsmitglieder angeben mußten, erinnerte an die oberste Gewalt der Besatzungsmacht. »Befehl Nr. 2« galt für die SBZ und für Berlin, das ja noch ganz von den Sowjets besetzt war.

Schon am 11. Juni konstituierte sich die KPD. Ihr Gründungsaufruf war nicht weniger überraschend als der SMAD-Befehl. Kämpften die Kommunisten der Weimarer Republik noch für ein »Sowjet-Deutschland«, so wollten sie jetzt die gescheiterte bürgerliche Revolution von 1848 zu Ende führen:

»Schaffendes Volk in Stadt und Land!

Wir sind der Auffassung, daß der Weg, Deutschland das Sowjet-System aufzuzwingen, falsch wäre, denn dieser Weg entspricht nicht den gegenwärtigen Entwicklungsbedingungen in Deutschland.

Wir sind vielmehr der Auffassung, daß die entscheidenden Interessen des deutschen Volkes in der gegenwärtigen Lage für Deutschland einen anderen Weg vorschreiben, und zwar den Weg zur Aufrichtung eines antifaschistischen, demokratischen Regimes, einer parlamentarisch-demokratischen Republik mit allen Rechten und Freiheiten für das Volk.«

Mit allen antifaschistischen Parteien wollte die KPD zusammenarbeiten, demokratische Verwaltungen sollten entstehen, Deutschland vom Nationalsozialismus gesäubert werden.

In der Wirtschaft forderten die Kommunisten den »Schutz der Werktätigen gegen Unternehmerwillkür und unbotmäßige Ausbeutung«, aber auch die »völlig ungehinderte Entfaltung des freien Handels und der privaten Unternehmerinitiative auf der Grundlage des Privateigentums.«

Bewußt vermied die Führung die alten Symbole der Partei. Den Gruß »Rot Front!« oder Fahnen mit Hammer und Sichel hielt Walter Ulbricht nicht für »zweckmäßig«. Alte Funktionäre, die nach zwölf Jahren unter den Nazis zu den altbekannten revolutionären Forderungen ihrer Partei zurückkehren wollten, mußten Parteidisziplin üben. Die Führung hatte anders entschieden. Was blieb, war das offene Bekenntnis zu Stalins Sowjetunion und zum Marxismus-Leninismus.

»Der Aufruf wirkte auf uns eher verwirrend als klärend«, schreibt Erich W. Gniffke in seinen Memoiren »Jahre mit Ulbricht«. Gniffke gehörte 1945 dem »Zentral-Ausschuß« an, der am 15. Juni 1945 mit dem Gründungsaufruf der SPD an die Öffentlichkeit trat. »Hatten wir schon nicht damit rechnen können, daß die Sowjets die Entwicklung eines demokratischen Parteilebens so frühzeitig gestatten würden, so überraschte uns noch viel mehr ein kommunistischer Aufruf, der nicht kommunistisch, noch nicht einmal sozialistisch war. Die Probleme, die in diesem Aufruf umrissen worden waren, hätten von einer Mittelstandspartei nicht anders formuliert werden können.«

Der Aufruf der Sozialdemokraten stellte die SPD, zumindest verbal, als die radikalere Arbeiterpartei vor:

»Arbeiter, Bauern und Bürger!

Der politische Weg des deutschen Volkes in eine bessere Zukunft ist ... klar vorgezeichnet:

Demokratie in Staat und Gemeinde, Sozialismus in Wirtschaft und Gesellschaft!«

Anders als der Exilvorstand in London oder die Gruppe um Kurt Schumacher in Hannover betonte man in Berlin die traditionellen sozialistischen Programmpunkte, forderte die »Verstaatlichung der Banken, Versicherungsunternehmungen und der Bodenschätze, Verstaatlichung der Bergwerke und der Energiewirtschaft.«

Der Aufruf der KPD wurde »auf das wärmste« begrüßt, und im Gegensatz zu den Kommunisten, die sich für einen Block aller antifaschistisch-demokratischen Parteien aussprachen, wünschten die Sozialdemokraten die »organisatorische Einheit der deutschen Arbeiterklasse«.

Die KPD lehnte ab. Sie hoffte, mit Hilfe der SMAD, auf die Vorherrschaft im künftigen Parteien-System. Bis dahin beschloß man die »Aktionseinheit« und gründete einen »gemeinsamen Arbeitsausschuß«.

In den folgenden Tagen gründeten sich CDUD und LDPD, die liberale Partei. Am 14. Juli hatte die KPD ihr erstes Programmziel erreicht: die »Einheitsfront der antifaschistisch-demokratischen Parteien«, der erste Schritt zur Macht.

Weniger als die Hälfte

Ein besiegtes Land zu teilen ist die eine Sache; das geht mit ein paar Strichen auf der Landkarte. Aber den Menschen in der eigenen Zone dann auch noch Arbeit und Brot zu geben ist in der Praxis sehr viel schwieriger.

Das Gebiet, auf dem die SBZ entstand, war bis 1945 eng mit den Industriegebieten im Westen und den alten deutschen Ostgebieten verbunden. Von dort kamen die Rohstoffe und Halbfabrikate, und dorthin lieferte die Industrie auch wieder ihre Produkte. Dementsprechend verliefen auch die gewachsenen Verkehrswege, die Eisenbahnlinien, Straßen und Kanäle: von Ost nach West.

So wurde aus dem Wirtschaftsraum Mitteldeutschlands 1945 ein Torso: Zwar standen in der SBZ dreißig Prozent des ehemals gesamtdeutschen Industriepotentials zur Verfügung. Doch abgesehen davon, daß vierzig Prozent der Fabriken und Betriebe in Trümmern lagen, war auch die Struktur der Betriebe für die wirtschaftliche Entwicklung ungünstig. Leichtindustrie, Textilwaren und Bekleidung waren stark vertreten. Eisenhütten und Walzwerke, als Zulieferer der metallverarbeitenden Betriebe, gab es dagegen kaum. Die standen an Rhein und Ruhr, wo auch die nötige Kohle zur Verhüttung abgebaut wurde. In der SBZ gab es kaum Steinkohle und wenig Eisenerz. Nur die minderwertige Braunkohle war überreich vorhanden. Sie ist bis heute die einheimische Energiequelle Nummer 1 der DDR.

Ein weiterer entscheidender Faktor für die schlechteren Startchancen der Wirtschaft in der SBZ wird bis heute von der SED möglichst heruntergespielt. Im Interesse der gepriesenen deutsch-sowjetischen Freundschaft spricht man nicht gerne von den vielen Betrieben der SBZ, die demontiert und nach Osten transportiert wurden.

196 Betriebe wurden 1946 in Sowjetische Aktiengesellschaften (SAG) umgewandelt, darunter die Leunawerke und die Krupp-Gruson-Schwermaschinen-Fabrik in Magdeburg. Bis 1953 hatten die SAG erhebliche Teile ihrer Produktion als Wiedergutmachung an die Sowjetunion zu liefern.

Die Siegermacht entschädigte sich so in ihrer Zone für die Zerstörungen, die ihr durch den deutschen Überfall entstanden waren. Exakte Zahlen über den Gesamtumfang der Leistungen, die als Demontagen und Reparationen an die Siegermacht gegangen sind, wurden bis heute nicht veröffentlicht. Nach westlichen Schätzungen soll die Sowjetunion aus der laufenden Produktion ihrer Zone Waren im Wert von 34,7 Milliarden Mark entnommen haben, die Demontagen kosteten die Wirtschaft Mitteldeutschlands weitere 45 Milliarden Mark an Produktiv-Vermögen. Allein durch die Demontagen wurde so jeder Einwohner der SBZ mit 2500 Mark (Ost) belastet, errechnete man im Westen. Die Bewohner der Westzonen erhielten dagegen, nach Abzug der Demontagen, durch den Marshall-Plan und andere Zuwendungen pro Kopf eine Starthilfe von 140 Mark (West).

Auch auf dem Brandenburger Tor hissen die siegreichen sowjetischen Soldaten die rote Fahne. Die berühmte Quadriga des Bildhauers Gottfried Schadow ist beschädigt, aber nicht zerstört worden.

Siegesparade Unter den Linden. In der Mitte der 48jährige Marschall Georgij K. Schukow, Verteidiger Moskaus und Eroberer von Berlin. Er wird erster Leiter der Sowjetischen Militäradministration in Deutschland (SMAD). Rechts neben ihm der britische Generalfeldmarschall Montgomery.

Berlin-Karlshorst: In diesem Gebäude wurde die bedingungslose Kapitulation der Deutschen Wehrmacht unterzeichnet. Hier haben sich die sowjetische Kommandantur und die SMAD eingerichtet. Damit befindet sich auf Jahre hinaus hier im Südosten Berlins das eigentliche Machtzentrum der SBZ und späteren DDR.

Eine Verhandlung vor der Entnazifizierungskommission des Bezirks Berlin-Pankow. Schneller und konsequenter als in den Westzonen und -sektoren wird unter sowjetischer Regie vor allem der öffentliche Dienst von ehemaligen Nazis »gesäubert«. Am 26. Februar 1948 ist die Entnazifizierung in der SBZ offiziell abgeschlossen.

Befehl Nr. 2

des Obersten Chefs der Sowjetischen Militärischen Administration

den 10. Juni 1945 Berlin

Am 2. Mai dieses Jahres wurde die Stadt Berlin von den Sowjettruppen besetzt. Die Hitlerarmeen, die Berlin verteidigten, kapitulierten und einige Tage später unterzeichnete Deutschland die Urkunde über die bedingungslose militärische Kapitulation. Am 5. Juni wurde im Namen der Regierungen der Union der Sozialistischen Sowjetrepubliken, der Vereinigten Staaten von Amerika, Großbritanniens und Frankreichs die Deklaration über die Niederlage Deutschlands und über die Uebernahme der höchsten Autorität auf dem ganzen Territorium Deutschlands durch die Regierungen der benannten Länder veröffentlicht. Vom Augenblick der Besetzung Berlins durch die Sowjettruppen an wurde auf dem Gebiet der Sowjetischen Okkupationszone in Deutschland feste Ordnung hergestellt, die städtischen Organe der Selbstverwaltung organisiert und notwendige Bedingungen für die freie gesellschaftliche und politische Tätigkeit der deutschen Bevölkerung geschaffen.

Zu Vorstehendem BEFEHLE ICH:

1. Auf dem Territorium der Sowjetischen Okkupationszone in Deutschland ist die Bildung und Tätigkeit aller antifaschistischen Parteien zu erlauben, die sich die endgültige Ausrottung der Ueberreste des Faschismus und die Festigung der Grundlage der Demokratie und der bürgerlichen Freiheiten in Deutschland und die Entwicklung der Initiative und Selbstbetätigung der breiten Massen der Bevölkerung in dieser Richtung zum Ziel setzten.
2. Der werktätigen Bevölkerung der Sowjetischen Okkupationszone in Deutschland ist das Recht zur Vereinigung in freien Gewerkschaften und Organisationen zum Zweck der Wahrung der Interessen und Rechte der Werktätigen zu gewähren. Den gewerkschaftlichen Organisationen und Vereinigungen ist das Recht zu gewähren, Kollektivverträge mit den Arbeitgebern zu schließen sowie Sozialversicherungskassen und andere Institutionen für gegenseitige Unterstützung, Kultur-, Bildungs- und andere Aufklärungsanstalten und -organisationen zu bilden.
3. Alle in den Punkten 1 und 2 genannten antifaschistischen Parteiorganisationen und freien Gewerkschaften sollen ihre Vorschriften und Programme der Tätigkeit bei den Organen der städtischen Selbstverwaltung und beim Militärkommandanten registrieren lassen und ihnen gleichzeitig die Liste der Mitglieder ihrer führenden Organe geben.
4. Es wird bestimmt, daß für die ganze Zeit des Okkupationsregimes die Tätigkeit aller in Punkt 1 und Punkt 2 genannten Organisationen unter der Kontrolle der Sowjetischen Militärischen Administration und entsprechend den von ihr gegebenen Instruktionen vor sich gehen wird.
5. Auf Grund des Vorstehenden sind alle faschistischen Gesetze sowie alle faschistischen Beschlüsse, Befehle, Anordnungen, Instruktionen usw. aufzuheben, die die Tätigkeit der antifaschistischen politischen Parteien und freien Gewerkschaften und Organisationen untersagen und gegen demokratische Freiheiten, bürgerliche Rechte und Interessen des deutschen Volkes gerichtet sind.

Der Oberste Chef der Sowjetischen Militärischen Administration
Oberbefehlshaber der Sowjetischen Okkupationstruppen in Deutschland
Marschall der Sowjetunion G. K. Shukow

Der Stabschef der Sowjetischen Militärischen Administration
Generaloberst W. W. Kurasow

Die größte politische Überraschung der Wochen unmittelbar nach dem Krieg ist der Befehl Nr. 2 der SMAD. Schon am 10. Juni 1945 erlaubt er die Neu- und Wiedergründung von antifaschistischen Parteien und Gewerkschaften. Die westlichen Besatzungsmächte lassen sich damit wesentlich mehr Zeit.

Schloß Cecilienhof, während des Ersten Weltkriegs als Residenz des preußischen Kronprinzen im englischen Stil erbaut, wird 1945 Schauplatz der Potsdamer Konferenz.

Die »Großen Drei« in Potsdam: der britische Premierminister Churchill (er wird noch während der Konferenz von Attlee abgelöst), der amerikanische Präsident Truman und der sowjetische Staatschef Stalin.
Vom 17. Juli bis 2. August wird über die Zukunft des besiegten Deutschen Reichs verhandelt – an einem runden Tisch, der eigens in Moskau angefertigt worden ist.

Die unschuldigsten Opfer des Krieges: Kinder, die ihre Eltern verloren haben. Jede Woche stellt »Der Augenzeuge«, die Kinowochenschau der DEFA, einige Kinder vor, die bei Kriegsende aufgelesen wurden und oft nicht einmal ihren Namen sagen können.

Heimkehr aus der Sowjetunion. Die Viehwaggons voller abgerissener, aber hoffnungsvoller ehemaliger deutscher Soldaten gehören zum alltäglichen Bild der Bahnhöfe. So auch hier in Halle an der Saale im Januar 1947. SED und FDJ sind zur Begrüßung erschienen, aber die Heimkehrer interessieren sich nur für eines: ihre Angehörigen.

Politische Plakate. Ihr Stil hat sich mit dem Jahr 1945 nicht geändert, wohl aber ihre Inhalte. Anfänglich geht es um gemeinsame Bedürfnisse; Parteipolitik tritt erst später in den Vordergrund.

Auch die wieder auflebende Produktion muß zunächst alltäglichste Ansprüche befriedigen. Manches Küchengerät entsteht aus übriggebliebenen Wehrmachtsbeständen – wie die Milchkanne aus einem Gasmaskenbehälter. Eine nachkriegsbedingte Notlösung auch die Schuhe und Bekleidungsstücke aus dem Kunststoff Igelit. Im Sommer wärmen die Schuhe weit mehr als nötig, im Winter bekommt man kalte Füße.

Aufruf
der Kommunistischen Partei Deutschlands

Schaffendes Volk in Stadt und Land!

Männer und Frauen!

Deutsche Jugend!

Zentralkomitee der Kommunistischen Partei Deutschlands

Wilhelm Pieck	Gustav Sobottka	Hans Jendretzky	Bernhard Koenen
Walter Ulbricht	Ottomar Geschke	Michel Niederkirchner	Martha Arendsee
Franz Dahlem	Johannes R. Becher	Hermann Matern	Otto Winzer
Anton Ackermann	Edwin Hörnle	Irene Gärtner	Hans Mahle

Berlin, den 11. Juni 1945.

Schon einen Tag nach dem »Befehl Nr. 2« der SMAD tritt am 11. Juni 1945 als erste die KPD mit einem Gründungsaufruf an die Öffentlichkeit.

Einheits-Front der antifaschistisch-demokratischen Parteien

Ein bedeutsamer Schritt zum Wiederaufbau des Reiches

Kommunistische Partei Deutschlands

Sozialdemokratische Partei Deutschlands

Christlich-Demokratische Union Deutschlands

Liberal-Demokratische Partei Deutschlands

Alle Parteien denken anfangs noch ans Ganze: Das Reich soll wiederaufgebaut werden. In der Sowjetischen Besatzungszone werden bis Anfang Juli 1945 vier Parteien gegründet: KPD, SPD, CDUD und LDPD. Mit diesem Aufruf schließen sie sich zur »Einheitsfront der antifaschistisch-demokratischen Parteien« (Antifa-Block) zusammen.

Landesparteitag der Liberal-Demokratischen Partei Berlins im Theater am Schiffbauerdamm im Oktober 1946. Hier wird Wilhelm Külz interviewt, der erste Vorsitzende der LDPD. Der Antifaschist und ehemalige Oberbürgermeister von Dresden hält die Partei, solange es geht, auf eigenständigem Kurs. Külz stirbt 1948.

Parteitag der Christlich-Demokratischen Union im Ost-Berliner Admiralspalast im Juli 1946. Jakob Kaiser ist Vorsitzender der Partei – als Nachfolger von Andreas Hermes, der zum Rücktritt gezwungen worden ist. 1947 ereilt Kaiser das gleiche Schicksal – zusammen mit seinem Stellvertreter Ernst Lemmer, der auf dem Foto unten am Rednerpult steht.

Die Einheit Deutschlands steht in den ersten Jahren nach dem Krieg für alle Parteien im Mittelpunkt, so auch bei dieser Kundgebung zum 100. Jahrestag der Revolution von 1848.
An der Gedenkstätte Friedrichshain in Ost-Berlin ehrt der SED-Vorsitzende Wilhelm Pieck die Gefallenen des März 1848 als Vorkämpfer der deutschen Einheit.

Schwarzmarkt in Berlin 1946. Wo Handel und Versorgung zusammengebrochen sind und noch nicht wieder richtig funktionieren, nehmen die Menschen die Dinge selbst in die Hand. Die Staatsgewalt kann das immer nur kurzfristig unterbinden.

Polizei rückt zur Razzia an.

Ein Blick in fremde Taschen.

Abtransport der Erwischten – bis zum nächsten Mal.

Die neue Uniform der Volkspolizei. Schon drei Wochen nach Kriegsende, am 1. Juni 1945, ruft die sowjetische Besatzungsmacht die »Deutsche Volkspolizei« ins Leben. Anfangs tragen die »Vopos« noch alte Uniformen mit Armbinden.

»Junkerland in Bauernhand!«

Das war mehr als ein Slogan. Gemeint ist die erste große Reform nach Kriegsende in der SBZ: die Bodenreform. Ihr Ziel war die Enteignung der Großgrundbesitzer östlich der Elbe, die im Deutschen Reich traditionell ein politischer und ökonomischer Machtfaktor gewesen waren.

Die Bodenreform war eine gelenkte Kampagne, befohlen von der Sowjetunion, initiiert von der SMAD, betrieben von der KPD. Um sie auch in der Bevölkerung abzusichern, begann die Kampagne mit »Forderungen« von Bauern, Gutsarbeitern und Flüchtlingen, die von den deutschen Kommunisten bereitwillig aufgegriffen wurden.

Am 3. September 1945 erließ als erste die Verwaltung der Provinz Sachsen eine Verordnung über die Bodenreform. (Der Text dazu war wenige Tage vorher im ZK der SED von Wolfgang Leonhard aus dem Russischen übersetzt worden.) Bis zum 11. September folgten die anderen Länder- bzw. Provinzialverwaltungen.

In den Verordnungen war festgelegt, daß Grundbesitz über 100 Hektar zu enteignen war. 7000 Großagrariern wurden so 2,5 Millionen Hektar Land entschädigungslos abgenommen. Dazu kamen 600000 Hektar Land aus dem Besitz hoher Nazifunktionäre oder aus Staatseigentum. Insgesamt umfaßte dieser Bodenfonds 35 Prozent der landwirtschaftlichen Nutzfläche der SBZ, in Mecklenburg waren es sogar 54 Prozent.

2,1 Millionen Hektar wurden an 500000 »Neubauern« verteilt; das waren ehemalige Landarbeiter, landlose oder landarme Bauern, Arbeiter, Handwerker, Flüchtlinge und Vertriebene. Viele dieser Neubauern hatten große Schwierigkeiten beim Aufbau ihrer Existenz. Sie konnten nicht rentabel wirtschaften, weil sie zu kleine Parzellen zugeteilt bekommen hatten. Jeder zweite Neubauer erhielt weniger als 20 Hektar. Es waren dann auch diese allein nicht existenzfähigen Betriebe, die 1952 die ersten Landwirtschaftlichen Produktionsgenossenschaften (LPG) bildeten, wie sie heute in der DDR üblich sind.

Bei aller Radikalität, mit der die Bodenreform in der SBZ betrieben wurde, war sie doch eine Maßnahme, die zunächst von allen Parteien befürwortet wurde. Für den SPD-Vorsitzenden in der SBZ, Otto Grotewohl, bedeutete Bodenreform »die Beseitigung des verderblichen Einflusses der Junker auf die Geschicke Deutschlands ... Aus ihren Reihen stammten zahlreiche hohe Offiziere, Beamte, Minister und Höflinge. Sie waren die Feinde jeder freiheitlichen Entwicklung Deutschlands.«

Die CDU-Führung lehnte lediglich die entschädigungslose Enteignung ab. Die SMAD entzog deren erstem Vorsitzenden Andreas Hermes und seinem Stellvertreter Walter Schreiber daraufhin das Vertrauen und setzte beide am 19. Dezember 1945 ab. Nachfolger wurden Jakob Kaiser und Ernst Lemmer.

Zeitzeuge: Stephan Kühne
Auf kleiner Scholle

Stephan Kühne, Jahrgang 1927, ist heute Verwalter eines Gutes nördlich von Kiel. Sein Vater war bis zur Bodenreform Güterdirektor eines adligen Großgrundbesitzes im Kreis Stendal. Auf einem der Güter wohnte die Familie, wuchs Stephan Kühne mit seinen Geschwistern auf. Hier waren in den letzten Kriegstagen zuerst Amerikaner und Briten einmarschiert.

Stephan Kühne war Soldat und kam am 20. Juni 1945 nach Hause. »Ich war der erste von uns drei Jungen, der zurückkam. Die Freude war groß. Ich war froh, daß unser Ort nicht von den Russen besetzt war. Aber es gab schon Gerüchte, wir würden bald zur sowjetischen Zone gehören. Und am 1. Juli, einem Sonntag, war es dann soweit. Über Nacht gingen die Amerikaner, und die Russen kamen. Für uns bedeutete das, kostbare Dinge zu verstecken. Trotzdem ging vieles verloren. Fahrräder waren begehrte Objekte, meines konnte ich gerade noch verstecken.«

Wie überall, wo die Rote Armee einrückte, fühlten sich ihre Soldaten berechtigt, Rache zu nehmen für die Verbrechen, die den Völkern der Sowjetunion von Deutschen angetan worden waren. »Viele unserer Nachbarn haben ihre Frauen und Töchter auf den Höfen versteckt, damit sie nicht vergewaltigt wurden. Und dann gab es ja noch die ehemaligen Zwangsarbeiter und Kriegsgefangenen, von denen einige ihr Unwesen trieben. Andere wiederum, die gut behandelt worden waren, wie die Männer auf dem Hof meiner späteren Schwiegereltern, stellten sich sogar schützend vor die deutschen Frauen. Aber insgesamt sind das schon schlimme Erinnerungen gewesen.«

»Mein Vater war erstmal eingesetzt, das Gut weiter zu führen. Es wurde Garnisons-verpflegungs-Gut für die Russen. Wir mußten also die Truppe versorgen. Es kam aber auch vor, daß sich die Soldaten eine Kuh auf der Weide schossen und gleich verwursteten.«

Das war Alltag der Besiegten, und die Sieger schrieben ihnen genau vor, was sie zu tun und zu lassen hatten.

»Der Sommer '45 war sehr naß und die Ernte verregnete. Wir mußten das Getreide länger auf den Feldern lassen als in anderen Jahren, damit wir es trocken in die Scheune bringen konnten. Da hatten wir aber nicht mit der Stendaler Kommandantur gerechnet. Die hatte einen festen Plan, wann zu ernten sei. Zu einem gewissen Termin durften auf den Feldern keine Getreidehocken mehr stehen. Der Kommandant hatte nämlich seinen Vorgesetzten den Abschluß der Ernte schon gemeldet. Und uns wurde befohlen, das Getreide einzubringen. Da halfen keine Argumente. Plan ist eben Plan. Das war zwar Irrsinn, aber wir mußten dem Befehl gehorchen, und vieles ist dann vergammelt. Mein Vater war damals sehr verzweifelt, ging so etwas doch gegen jegliche Vernunft eines Landwirts, der eine Menge Menschen ernähren mußte.«

Mit der Bodenreform wurde dann auch das Gut aufgeteilt. »Für meine Eltern war die

Bodenreform ein ungeheurer sozialer Abstieg. Mein Vater war zwar Angestellter des Grafen, aber wir waren genauso betroffen wie die Besitzer. Wir wurden aus unserem Haus gewiesen. Sechs Stunden ließ man uns Zeit, es zu verlassen. Von da ab sollten wir in der ehemaligen Wohnung eines Melkers leben. Im Vergleich zu den Flüchtlingen aus dem Osten ging es uns natürlich noch gut. Im ehemaligen Schloß richtete sich der sowjetische Kommandant ein. Später wurden bei uns und auf anderen Gütern Schlösser, Großscheunen und andere Gebäude abgerissen. Der Charakter der Güter sollte verschwinden und Baumaterial gewonnen werden.«

»Mein Vater war ein kluger, ein bißchen zum Pessimismus neigender Mann. Er sah voraus, wie es mit uns und dem Gut weitergehen würde. Und genauso ist es gekommen. Meine Eltern, beide sehr gläubige Christen, haben ihr Kreuz auf sich genommen. Sie waren und blieben mit ihrer Einstellung Vorbild für die Umgebung. Mein Vater hatte im Ersten Weltkrieg ein Bein verloren. Wie hätte er da den Pflug führen oder sonst schwer körperlich arbeiten sollen! Aus diesem Grund bewarb er sich nicht um eine Stelle als sogenannter Neubauer. Ich habe mich dann beworben.«

»In der Bahnhofskneipe, einer kleinen Räucherhöhle, trat die Kommission zusammen, die das Gut aufteilen sollte. Sie bestand zum Teil aus Leuten aus dem Ort, die politisch ihr Mäntelchen in den Wind hängten und sich unter dem neuen Regime Chancen für die eigene Zukunft ausrechneten. Die haben dann den Bewerbern, also auch mir, die einzelnen Parzellen zugeteilt. Mehr als neun Hektar durften pro Neubauer nicht verteilt werden. Und die besten Stücke haben wir natürlich auch nicht gerade bekommen. Ich erhielt siebeneinhalb Hektar Weide- und Ackerland, verteilt auf fünf weit auseinander liegende Stellen.«

»Vor der Bodenreform glich auf dem Gut der hohe Ertrag der guten Böden die niedrigeren Ernten auf den schlechteren Äckern aus. Doch jetzt stand der Neubauer mit seinem bißchen Land da und mußte sehen, wie er zurechtkam. Eine unserer Flächen war das übelste Stück des Gutes. Wir hatten Mühe, mit karger Anspannung den Acker saatfertig zu bekommen. Dank der guten Bewirtschaftung der früheren Jahre konnten wir noch lange von der Fruchtbarkeit des Bodens profitieren. Das war für uns ein entscheidender Faktor, um zu überleben. 1946/47 waren harte Jahre. Was wir hatten und erwirtschaften konnten, reichte gerade so zum Leben, besser zum Überleben.«

Mit der Bodenreform änderten sich nicht nur die Besitzverhältnisse auf dem Land, sondern auch die Arbeitsbedingungen der Bauern. »Wir konnten nicht frei entscheiden, was wir anbauen wollten, wofür unsere Böden am geeignetsten waren. Wir mußten Getreide, Raps, Mohn, Zuckerrüben und sogar Tabak anbauen. Zur Feldarbeit hatten wir ein zweijähriges Fohlen aus dem Viehbestand des alten Guts zugeteilt bekommen, sonst nichts. Unsere Leistung wurde genau kontrolliert. Für jeden Bauern war festgelegt, welche Mengen er abzuliefern hatte, welches Soll er erfüllen mußte. Diese Planwirtschaft, speziell ihre Vorgaben, kamen, so jedenfalls mein Eindruck, vom ›grünen Tisch‹. Aber man konnte sich durchwursteln. Es gab Umrechnungsfaktoren, nach denen man Fehlmengen bei einem Produkt durch die höhere Abgabe eines anderen kompensieren konnte. Die Bauern haben auch untereinander getauscht. Bald gab es Spezialisten für einzelne Gemüsesorten und anderes mehr.«

»Aber die Sollzahlen stiegen von Jahr zu Jahr, und da kam dann schon Murren unter den Bauern auf. Die Siedler konnten sich früher oder später ausrechnen, wann der Punkt erreicht sein würde, an dem sie das Soll einfach nicht mehr erfüllen konnten und dann eben Sanktionen zu erwarten hätten. Das war Anfang der fünfziger Jahre für viele der Grund, in die Landwirtschaftlichen Produktionsgenossenschaften, die LPG zu gehen. Andererseits – und das muß man auch sagen – wurde ein Übersoll auch hoch bezahlt, teilweise mit dem doppelten Sollpreis und mehr.«

»Die Neubauern wurden vom System noch geschont. Die sogenannten Großbauern, die ihre Höfe nach der Bodenreform behalten konnten, waren schon damals einem höheren Druck durch das Soll ausgesetzt, und der Druck stieg weiter. ›Großbauern‹ – das war ein Begriff, der negativ besetzt wurde; ›Neubauer‹ dagegen war positiv. Diese wurden vergleichsweise besser behandelt, weil man sie bei der Stange halten wollte. Dabei hatten wir es mit den kleinen Parzellen überhaupt nicht einfach. Wir haben viel mit den Händen gearbeitet, weil uns die Maschinen fehlten, besonders bei der Rapsernte. Das Dreschen fand nur nachts statt, tagsüber gab es nicht genug Strom – jedenfalls nicht für Deutsche. Da standen wir Schlange, bis wir dran waren. Manchmal bis morgens vier Uhr. Anschließend ging es dann gleich wieder auf das Feld.«

»Wenn ich die ganze Bodenreform so rückblickend betrachte, dann war das doch nur eine Übergangsperiode. Aus dem Landarbeiter hatte man einen Neubauern gemacht, der dann ›freiwillig-gezwungen‹ ein LPG-Bauer wurde. Die Neubauernstellen waren ja von vornherein so klein gehalten, daß sie niemals lebensfähig sein konnten und damit nur einen Übergang zur LPG darstellen. Mit den LPG-Gründungen begann ein wesentlicher Abschnitt, von dem über die Jahre alle Landwirte erfaßt wurden: Mit dem Eintritt in die Genossenschaft wurde das noch vorhandene Streben des einzelnen und das freie unternehmerische Denken langsam auf Null reduziert. Jetzt, nach über 40 Jahren, erleben wir in fast allen Ostblockstaaten, wie das freie Denken eine Renaissance erlebt und mit welcher Wucht der jahrzehntelang abgestellte ›Motor‹ wieder anspringt.«

»Krautjunker und Schlotbarone«

Waren aus der DDR sind auch heute noch bei uns kaum zu erkennen. Waren- und Versandhäuser kaufen zwar in großen Mengen im anderen deutschen Staat, aber die Etiketten in den Hemden oder auf der Rückseite von Radiorekordern und Waschmaschinen dürfen oft nicht verraten, daß die Produkte von »drüben« stammen. »Made in GDR« ist nicht verkaufsfördernd, glauben die Manager noch heute. Obwohl schon einen Tag nach Gründung der DDR, am 8. Oktober 1949, das erste deutsch-deutsche Handelsabkommen geschlossen wurde.

Nur auf unseren Autobahnen sieht man sie, die Lkw mit uns fremden Firmennamen und dem Kürzel »VEB« davor. »VEB« heißt »Volkseigener Betrieb«; deren Anfänge reichen oft bis in die Zeit der SBZ zurück.

Die Bodenreform war schon in vollem Gange, als die SMAD am 30. Oktober 1945 ihren Befehl Nr. 124 »Über die Beschlagnahme und provisorische Übernahme einiger Eigentumskategorien« (Sequester-Befehl) veröffentlichte.

»Einige Eigentumskategorien«: das war das gesamte Eigentum

- des untergegangenen Deutschen Reiches,
- der NSDAP und ihrer Organisationen,
- der Verbündeten Hitler-Deutschlands,
- das Privatvermögen »... aller jener Personen, die von der SMAD durch besondere Listen oder auf andere Weise bezeichnet werden«.

Nachdem auf dem Lande die wirtschaftliche und politische Macht der »Krautjunker« gebrochen war, wandte sich die Besatzungsmacht nun gegen die »Schlotbarone«. Zunächst gegen die »Naziaktivisten und Rüstungsfabrikanten«. Das betraf, nach der auch heute noch gültigen Geschichtsschreibung der DDR, »praktisch alle Großbetriebe und natürlich alle Betriebe der Konzerne«. In der Rückschau betrachtet, trägt der Befehl der SMAD schon den Keim einer Umgestaltung aller Produktionsverhältnisse in sich.

Die Basis für eine Staatswirtschaft legte schon die Verstaatlichung der Banken und Sparkassen im Juli 1945. Die »provisorische Übernahme« der Betriebe war dann auch nicht vorübergehend, sondern endgültig. Schon im Mai 1946 überstellte die SMAD die enteigneten Betriebe, bis zur »endgültigen Lösung des Eigentumsrechts an diesem Vermögen«, den Landesverwaltungen der SBZ. Ausgenommen war nur ein kleiner Teil der Unternehmen, die bereits erwähnten »Sowjetischen Aktien-Gesellschaften«, die in das »Eigentum der UdSSR« aufgrund der Reparationsansprüche der UdSSR überführt wurden.

1948 fand die »provisorische Übernahme« von 1945 ihren Abschluß: Die Betriebe wurden zu »Volkseigentum« erklärt, also *de facto* in Staatsbesitz überführt.

Sachsen, das am stärksten industrialisierte Land der SBZ, hatte dabei schon 1946 eine Vorreiterrolle übernommen. Allein 4800 der insgesamt rund 7000 von der SMAD beschlagnahmten Betriebe standen in Sachsen. Die KPD verlangte hier einen Volksentscheid »über die entschädigungslose Enteignung der sequestrierten Betriebe der Kriegsverbrecher und aktiven Faschisten«. Mit über 75 Prozent stimmten die Sachsen am 30. Juni 1946 zu.

In den übrigen Ländern verzichtete man auf eine vorherige Abstimmung über die Enteignung. Bis zum Frühjahr 1948 waren so knapp 10000 Unternehmen »volkseigen«. Zusammen erwirtschafteten sie 40 Prozent der Industrieproduktion der SBZ. Unter der Parole »Enteignung der Kriegsverbrecher« begann so die Verstaatlichung der Schlüssel- und Schwerindustrie in der SBZ.

Doch nicht immer verliefen die Enteignungen reibungslos: »In einer Reihe von Fällen kam es zu Konflikten, weil sich Belegschaften enteigneter Betriebe vor deren Eigentümer stellten. Nicht nur fanden die Sozialisierungsaktionen jener Jahre kaum Unterstützung bei den Arbeitern, gelegentlich lösten sie sogar Opposition aus«, schreibt Karl Wilhelm Fricke in seinem Report »Opposition und Widerstand in der DDR«. Die künftig »herrschende Klasse«, die Arbeiter, ergriff Partei für ihre »Ausbeuter«.

Auch ein offizieller DDR-Historiker wie Stefan Doernberg leugnet solche Vorkommnisse nicht, betrachtet sie aber aus seinem Blickwinkel: »In einigen wenigen Betrieben, wo der Einfluß der SED nicht stark genug war oder eine mangelhafte Parteiarbeit geleistet wurde, gelang es den ehemaligen Unternehmern bzw. ihren Beauftragten, mit Hilfe reformistischer Elemente die Belegschaft zu bewegen, für eine Rückgabe des Betriebes an den ehemaligen Besitzer einzutreten. So verfaßte z. B. der Betriebsrat der Firma Rudolf Lange in Brandenburg im Namen der 200 Belegschaftsmitglieder eine Eingabe an die Sequester-Kommission, in der die Behauptung aufgestellt wurde, daß der ehemalige Unternehmer demokratisch gesinnt sei und ihm deshalb der Betrieb zurückgegeben werden müsse.«

War es vielleicht weniger mangelndes »Klassenbewußtsein« als Unrechtsbewußtsein, das Arbeitnehmer so handeln ließ?

Die Verstaatlichungen machten aber nicht bei den Großbetrieben oder der Investitionsgüter-Industrie halt. Auch der Groß- und Einzelhandel wurden in die wirtschaftliche Umgestaltung der SBZ mit einbezogen. Die Entprivatisierung des Einzelhandels begann 1948 mit der Gründung der »Handelsorganisation« (HO). Die »Konsumgenossenschaften« waren schon im Dezember 1945 wieder zugelassen worden. Sie waren eine Einzelhandelsorganisation, die der deutschen Arbeiterbewegung entsprungen und zwischen 1933 und 1945 verboten gewesen war.

Zusammen bilden »HO« und »Konsum« noch heute den sogenannten »sozialistischen Handel« in der DDR, der die private Konkurrenz im Laufe der Jahrzehnte immer mehr ins Abseits drängte. Zuerst wurde der Konsum und, nach ihrer Gründung 1948, verstarkt die HO bei der Warenzuteilung bevorzugt. Die HO hatte so anfangs allein das Recht, knappe Waren, wenn auch zu stark überhöhten Preisen, frei zu verkaufen. Die übrigen Geschäfte durften nur rationierte Waren zu verbilligten Preisen abgeben.

Der Zeitpunkt der Gründung der HO war günstig gewählt. Am 1. Januar 1949 trat in der SBZ der erste Zweijahresplan in Kraft, und mit der HO standen den Planern nun auch im

Einzelhandel staatliche Betriebe zur Seite. Nach einer kurzen Vorlaufphase war die SBZ damit endgültig zum zentralen planwirtschaftlichen System nach sowjetischem Muster übergegangen. Beschlossen hatte es der Parteivorstand der SED unter Walter Ulbricht. Möglich wurde es, weil sich die wirtschaftlichen »Schlüsselstellungen« nun in den »Händen des Volkes« befänden, so Ulbricht.

Je 39 Prozent der Bruttoproduktion kamen 1948 von den VEBs und von den privaten Betrieben, die restlichen 22 Prozent erwirtschafteten die Sowjetischen Aktiengesellschaften.

Im ersten Zweijahresplan sollte die Arbeitsproduktivität um 30 Prozent gesteigert werden. Doch ein System, das Gewinnstreben und Konkurrenz verpönte, brauchte andere Leistungsanreize. Nach dem sowjetischen Beispiel des Stachanow-Systems initiierte die SED die »Aktivistenbewegung«. Arbeiter in den verschiedensten Produktionsbereichen wurden ausgewählt, um, nach entsprechender Vorbereitung, vorbildliche Höchstleistungen zu erbringen. Der erste war der Kumpel Adolf Hennecke, der im Oktober 1948 sein Tagessoll im Steinkohlebergbau mit 387 Prozent übererfüllte. Sein Name und Bild geisterten fortan durch Presse und Wochenschauen. Mit großer Propaganda reiste Hennecke durch die SBZ und traf Aktivisten aus der Sowjetunion. Über jeden seiner Schritte wurden die Werktätigen informiert, damit sie es Adolf Hennecke gleichtun sollten. Und andere »Aktivisten« folgten der »Hennecke-Bewegung«.

Doch die Wirtschaftslage blieb trotz aller Aktivisten problematisch. Daran änderte auch die Deutsche Wirtschaftskommission (DWK) nichts, die bereits im Juni 1947 durch Befehl der SMAD eingesetzt worden war, um in der SBZ eine zentrale deutsche Verwaltungsinstanz zu schaffen. Sie sollte die Länder- und Zentralverwaltungen koordinieren und die Wirtschaftsplanung ausbauen. Über die DWK, die ebenfalls von der SED beherrscht wurde, konnte die Partei ihre Macht nun auch im Wirtschaftssektor weiter ausbauen.

Die Wirtschaftskommission wurde nur vier Tage nach Errichtung des Frankfurter Wirtschaftsrates gegründet, der für die britische und amerikanische Zone zentrale Verwaltungsinstanz wurde. Die Gründung beider Organisationen deutet die schrittweise Spaltung Deutschlands an. Die DWK sollte der Kern der späteren DDR-Regierung werden.

Eine Organisation, die nach westlichem Verständnis eine wichtige Rolle im Arbeitsleben spielt, soll in diesem Zusammenhang nicht vergessen werden: die Gewerkschaften. Der bereits mehrfach erwähnte Befehl Nr. 2 der SMAD erlaubte neben den Neugründungen von Parteien auch den Zusammenschluß von Arbeitnehmern zu Gewerkschaften. (Ihre traditionellen Gegenspieler, die Arbeitgeberverbände, blieben auf Dauer verboten.) Aus den Erfahrungen der Weimarer Republik und der Unterdrückung während der Nazi-Zeit entschlossen sich die Gewerkschaftsführer zur Gründung einer Einheitsgewerkschaft, des »Freien Deutschen Gewerkschaftsbundes« (FDGB). Der vorbereitende Gewerkschaftsausschuß, dem Sozialdemokraten, Kommunisten und Vertreter der ehemals christlichen und anderen Gewerkschaften angehörten, konstituierte sich am 15. Juni 1945.

Der FDGB begann seine Entwicklung, ähnlich der FDJ, als überparteiliche Organisation. Aber auch in diesem Fall sollte die KPD eine Schlüsselposition einnehmen. Schon im August 1945 lehnte Walter Ulbricht eine parteipolitische Neutralität der Gewerkschaft ausdrücklich ab und beschwor die Einheit der Arbeiterklasse, die ihren Ausdruck in der Aktionsfront beider Arbeiterparteien und in der freundschaftlichen Zusammenarbeit beider mit der Gewerkschaft gefunden habe. Ein Affront gegen Liberale und Christdemokraten. Schon bei den Delegiertenwahlen Ende 1945 zeigte sich die Stärke der Parteibindung. In Groß-Berlin errangen die KPD-Vertreter 312 Mandate, die SPD 226 und die CDU drei Mandate. Nur 17 Delegierte waren parteilos.

Auf dem Gründungskongreß im Februar 1946 wurden noch drei Vorsitzende aus KPD, SPD und CDU gewählt. Doch der Zusammenschluß von KPD und SPD zur SED im April drängte Christdemokraten, Liberale, Parteilose ins Abseits. Ehemalige Sozialdemokraten sollten bald folgen.

Besondere Probleme bei der Umgestaltung der Gewerkschaft von einer Interessenvereinigung der Arbeitnehmer zum Transmissionsriemen der SED mußten an der Basis gelöst werden. Bereits Ende 1945 waren in fast allen Betrieben der SBZ Betriebsräte frei gewählt worden. Doch die Arbeiter stimmten für Kollegen ihres Vertrauens, nicht unbedingt für Kommunisten. 1948, bei den zweiten und letzten Betriebsratswahlen, stimmten über die Hälfte der Arbeiter für parteilose Kandidaten. Mit den »Bitterfelder Beschlüssen« vom November 1948 lösten FDGB und SED das »Problem« in ihrem Sinn. Das bisher zweigleisige System von Betriebsgewerkschaftsleitungen und Betriebsräten wurde aufgehoben, die Betriebsräte aufgelöst. Bis 1950 wurde aus dem FDGB endgültig ein sozialpolitisches Machtinstrument der SED, nicht zuletzt zur Steigerung der Arbeitsproduktivität.

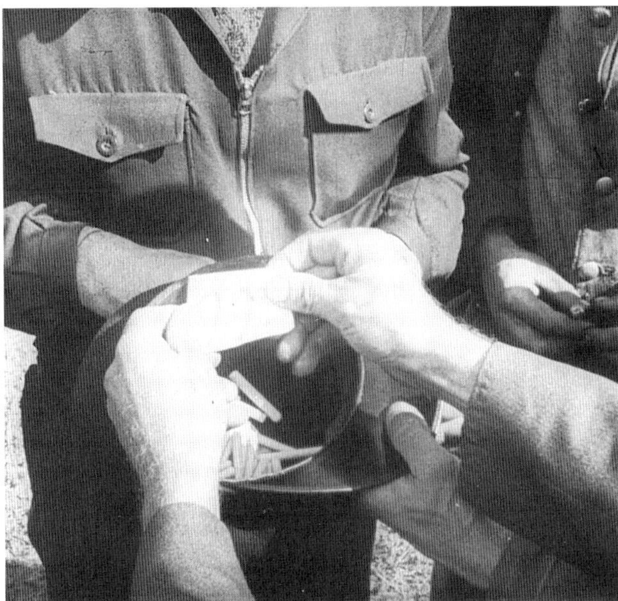

Die Bodenreform vom September 1945 ist die erste große Umgestaltung gesellschaftlicher und wirtschaftlicher Verhältnisse in der SBZ. An Neu- und Kleinbauern verteilt werden die Ländereien von Großgrundbesitzern und Naziverbrechern. Die neu vermessenen Parzellen werden in manchen Dörfern, wie hier in Pappritz, ganz einfach ausgelost.

»Der Feind« versteckt sich meistens unterm Blatt. Vor allem Schulkinder müssen im Sommer auf die Kartoffelfelder, um den schwarzgelb gestreiften Schädling zu »entlarven« und zu vernichten.
Es wird das Gerücht lanciert, der »imperialistische Klassenfeind« streue den »Colorado-Käfer« auf die vom Junkertum befreiten Felder.

Erste Schritte zur Kollektivierung der Landwirtschaft gibt es schon kurz nach dem Krieg.

Maschinen- und Traktoren-Ausleihstationen gehören dazu. Auch erste Produktionsgenossenschaften entstehen, zunächst nach dem alten Vorbild von Raiffeisen.

»Brachlandaktion«. Mitten in den Städten, in Parks und Anlagen, dürfen die Menschen anbauen, was die Läden nicht bieten können.

Rechts ein Beispiel aus Berlin; unten Dresden mit dem Rathausturm im Hintergrund.

Briefmarken sind nicht nur Postwertzeichen, sondern auch kleine Dokumente der Zeitgeschichte. Die Marken aus der SBZ zeigen völlig andere Motive als die aus den Westzonen.

»Junkerland in Bauernhand!« Die erste große politische Kampagne soll die Bevölkerung auf die Bodenreform einstimmen, die längst in Moskau beschlossen ist und nun von den deutschen Kommunisten durchgedrückt wird.

STADT BERLIN
21.10.1945
BREITSCHEID
KLAUSENER
THÄLMANN
MECKLBG-VORPOMM
BODENREFORM 1945
PROVINZ SACHSEN
WIR BAUEN AUF!
DEUTSCHE POST BUNDESLAND SACHSEN
DEUTSCHE POST
6 PFENNIG
5 MARK
MECKLENBURG VORPOMMERN
HELFT DEN KINDERN
LEIPZIGER MESSE 1947
1160: Leipzig erhält Marktrecht
FÜNF REICHSMARK
FÜR FLÜCHTLINGS- UND ALTERSHILFE
GERHART HAUPTMANN
AUGUST BEBEL
FRIEDR. ENGELS
G.W.FR. HEGEL
RUDOLF VIRCHOW
ERNST THÄLMANN
KARL MARX
3. VOLKSKONGRESS 15.-16. MAI
WAHL ZUM 1949
3. Deutscher Volkskongreß
29. - 30. Mai 1949

*Anhalter Bahnhof in Berlin.
Unter seinem Dach hatte das Dritte Reich dem »Führer« und seinen Staatsgästen so manchen »großen Bahnhof« bereitet. Nun warten Berliner und Flüchtlinge unter freiem Himmel auf überfüllte Züge.*

*Berlin, Unter den Linden.
Hier verkehrten vorher keine Züge. Jetzt schleppen Feldbahnen die Trümmer des Dritten Reichs durch die Hauptstadt.
Im Hintergrund das Brandenburger Tor, damals noch durchlässig.*

Alle Banken und Versicherungen in der SBZ werden gleich nach Kriegsende verstaatlicht. Dieses Bankgebäude ist inmitten der Trümmer von Dresden stehengeblieben.

Die Konsumgenossenschaften, aus der Arbeiterbewegung entstanden, dürfen in der SBZ an ihre alte Tradition anknüpfen. Konsum und HO, die 1948 gegründete staatliche »Handelsorganisation«, werden schnell die beiden tragenden Säulen des planwirtschaftlichen Einzelhandels.

»Wahlkampf« in Leipzig.
Im Sommer 1946 ist das Land Sachsen zu einem Volksentscheid über die Enteignung von »Kriegsverbrechern und Naziaktivisten« aufgerufen. 77,6 Prozent stimmen mit »Ja«.
Damit beginnt die Verstaatlichung der Wirtschaft in der SBZ. In den übrigen Ländern wird sie ohne Volksentscheid durchgeführt.

Leipziger Frühjahrsmesse 1947. Schon wieder reger Autoverkehr und immer noch überfüllte Straßenbahnen vor dem Hauptbahnhof, hinter dessen imposanter Fassade die Halle mit den Bahnsteigen zum Teil noch in Trümmern liegt. Die Leipziger Messe wird mit dem Anspruch wieder eingerichtet, internationaler Handelsplatz für ganz Deutschland zu sein – wie seit Jahrhunderten.

»Freier Markt« ist keine Anleihe bei Ludwig Erhard, sondern eine Aktion zur besseren Versorgung der Bevölkerung der SBZ. Die Bauern dürfen dabei ihre »freien Spitzen« verkaufen, also das, was sie über das Soll hinaus produzieren.

Beginn der Planwirtschaft. Im Juli 1948 verkündet Wilhelm Pieck den Zwei-Jahr-Plan für 1949/50. Rechts neben Pieck der Mitvorsitzende der SED, Otto Grotewohl, und der stellvertretende SED-Vorsitzende und »starke Mann« Walter Ulbricht. August Bebel in Öl schaut ihnen über die Schulter.

Hennecke-Aktivistenbewegung. Nach sowjetischem Vorbild führen ausgesuchte Werktätige vor, wie man den Plan übererfüllen kann.

Der Bergmann Adolf Hennecke (im rechten Bild links) wird vom Präsidenten der Hauptverwaltung Kohle, Sobottka, empfangen.

Auf der Aktivisten-Konferenz in der Berliner Staatsoper im Februar 1949: die SED-Politiker Heinrich Rau und Walter Ulbricht (unten).

Kultura

Wolfgang Staudte wollte 1946 seinen später berühmt gewordenen Film über einen Nazimörder eigentlich in den Westsektoren Berlins drehen. Aber die Filmoffiziere der Westalliierten lehnten sein Drehbuch ab. Also ging er damit zu den anderen Siegern. Auf diese Weise wurde der erste deutsche Nachkriegsfilm »Die Mörder sind unter uns« eine Produktion mit sowjetischer Lizenz.

Die spätere Kulturpolitik der DDR mit ihrer ideologischen Engstirnigkeit und spießigen Provinzialität hat weitgehend die Erinnerung daran verdrängt, daß es in der allerersten Zeit nach der Kapitulation die Sowjetische Besatzungszone war, in der sich deutsche Kunst und Kultur am freiesten entfalten konnten.

Verständlicherweise wurden solche Bücher, Theaterstücke, Filme am meisten gefördert, die mit der NS-Zeit abrechneten. Aber es war kein stures »Agitprop«, das die Besatzungsmacht verordnete; der »sozialistische Realismus« sollte erst später verbindlich werden. Ein klein wenig erinnert die kurze Aufbruchszeit ab 1945 sogar an die aufregenden zwanziger Jahre der Sowjetunion, als Kunst und Kultur blühten und mit Experimenten die restliche Welt überraschten.

Auch die SED trug anfangs diese Kulturpolitik mit. Offenbar wollten sich die deutschen Kommunisten besonders deutlich unterscheiden von der Kulturpolitik der Nazis, deren Bücherverbrennungen und Propagandaausstellungen »entarteter Kunst« ja noch in frischer Erinnerung waren.

Einige bekannte Künstler, die aus der Emigration zurückkehrten, wählten die östliche Zone als neuen Wirkungsraum: Anna Seghers, Bertolt Brecht und Helene Weigel, Friedrich Wolf, Arnold Zweig. Sie kamen aus unterschiedlichen Gründen, manchmal auch aus materiellen, aber sie wurden als Zeugen der fortschrittlichen Kulturpolitik der SBZ und späteren DDR herangezogen – oder ließen sich heranziehen.

Dem Film galt die besondere Aufmerksamkeit der Sowjets – kein Wunder angesichts ihrer eigenen einschlägigen Tradition. Ein Jahr nach Kriegsende, im Mai 1946, gründeten sie die DEFA (Deutsche Film-AG.) als zentrale und einzige Filmproduktionsgesellschaft ihrer Zone. Heute unvorstellbar: Bis 1950 kamen die weitaus meisten DEFA-Regisseure aus Westdeutschland oder West-Berlin. Wie Wolfgang Staudte. Er war übrigens nicht der einzige, der mit einem antifaschistischen Filmstoff vergeblich im Westen angeklopft hatte und schließlich bei der DEFA landete.

Die antifaschistische Tradition blieb Bestandteil der DDR-Kulturpolitik, aber die anfängliche Freiheit war bald nur noch eine schöne Erinnerung.

Zeitzeugin: Hilde Knef

Aus dem Fenster springen

Die Berliner Schauspielerin Hilde Knef, damals 19 Jahre alt, überlebte das Kriegsende, indem sie sich, als Junge verkleidet, einer jener Wehrmachtseinheiten anschloß, die die Reichshauptstadt bis zum letzten Atemzug verteidigen sollten. Sie kam in russische Gefangenschaft, konnte fliehen und kehrte kurz nach der Kapitulation in ihre Heimatstadt zurück.

»Es war ein häuserloses Berlin«, erinnert sie sich, »alles sah aus wie aufgebohrte Zähne. Es war grausam. Die größte Besatzung, die Berlin hatte, waren nicht die Russen, sondern die Ratten. Wo man hinguckte, kamen Ratten auf einen zu. Wir hatten immer einen Lappen bei uns mit vielen Nägeln drin, die man ja auch erstmal klauen mußte, damit wir uns der Ratten erwehren konnten. Die fielen über einen her wie über eine Wurst. Die hatten sich ja dran gewöhnt, die Leute zu essen.«

In ihrem Buch »Der geschenkte Gaul«, in dem sie auch diese Zeit geschildert hat, habe sie nicht die volle Wahrheit geschrieben, sondern vieles verschwiegen: »Es hätte mir kein Mensch geglaubt.«

Hatte man damals Interesse an Politik? Fragte man sich überhaupt, wie es mit Deutschland weitergehen sollte?

»Wie es weitergeht, wußten wir nicht. Wir wußten nicht mal, wie es die nächsten fünf Minuten weitergehen würde. Wir hatten nur eines gelernt, und zwar zu überleben. Nicht zu leben, zu überleben. Unser ganzes Adrenalin hatte sich seit Jahren darauf eingestellt. Man hatte nicht so wahnsinnig viel Zeit, über den Krieg und die Zukunft zu reflektieren. Die Frage war: Wie kriegen wir das nächste Viertelpfund Butter? Oder: Wie kriegen wir das Kind durch die Masern?«

Junge Frauen lebten gefährlich in einer Zeit, in der Übergriffe der Besatzer an der Tagesordnung waren.

»Das ist eine sehr, sehr schwierige Frage«, sagt Hilde Knef. »Gerade in einer Zeit, in der Gorbatschow in seiner Position im eigenen Lande gefährdet ist, ist es fast gefährlich, diese Vergangenheit noch mal heraufzubeschwören. Andererseits: Was sich damals hier abgespielt hat, war alles andere als lustig. Man muß es aber verstehen. Diese Menschen hatten den Krieg nicht angefangen. Den hatte Hitler angefangen. Er hatte von Napoleon nicht gelernt, daß man Rußland nicht besetzen kann, weil es hinterm Ural weitergeht. Vielleicht kannte er die Landkarte nicht. Diese Menschen also hatten ihre Dörfer verloren, ihre Frauen verloren, ihre Kinder verloren, ihr alles. Und nun kamen sie in die Hauptstadt des Landes, das sie zermalmt hatte. Na, daß die ausgerastet sind, das kann man verstehen.«

»Später, als ich schon Filme machte, habe ich mit einigen Offizieren darüber gesprochen. Sie haben sich geniert, da es doch nicht so ganz ihrer Idee entsprach. Ich habe gesagt: Sie haben eine Sache verfehlt, Ihnen wäre ganz Berlin in Ihre rote Fahne reingerannt und hätte sich drin eingewickelt, Sie hätten die größten Kommunisten gehabt. Sie sagten: Ja, darüber sind wir uns heute im klaren, da liegt unser großer Fehler, da kam dieses entsetzliche Mißtrauen, die irrsinnige Enttäuschung.«

Hilde Knef spielte 1946 eine Hauptrolle im ersten deutschen Nachkriegsfilm »Die Mörder sind unter uns«. Sein Thema: Kriegsverbrechen.

Es war, wie so vieles im Chaos des Nachkriegs, ein Zufall, daß Hilde Knef die Rolle bekam und in der Folge, was noch niemand ahnen konnte, eine Weltkarriere machte.

»Ich spielte am Schloßparktheater bei Boleslaw Barlog. Ich bin sogar diejenige, die das Theater eingeweiht hat. Friedrich Luft, der dabei war, fragte mich später mal: ›Sie standen doch als erste vor dem Vorhang und sprachen diesen herrlichen Einweihungsprolog, den ersten auf einer deutschen Bühne nach dem Krieg, wer hat den für Sie geschrieben?‹ Ich sagte: ›Goethe.‹ Es war wirklich Goethe.«

»Am Schloßparktheater also sah mich Wolfgang Staudte. Der hatte einen Persilschein, also die berühmte Freisprechung von irgendeiner Schuld. Er war mit dem Drehbuch, das er erarbeitet hatte, zu den Russen gegangen, zu der gerade eröffneten DEFA, die früher die UFA gewesen war. Es gab ja noch die Studios in Babelsberg, das war russisches Gebiet. Staudte hatte eine Lizenz bekommen, ›Mörder unter uns‹ zu machen. Und so fingen wir an zu drehen.«

»Es gibt ja heute Menschen, die meinen, sie hätten Schwierigkeiten bei ihren Dreharbeiten. Bei uns damals gab es, glaube ich, kaum eine Szene, die wir nicht tagelang wiederholen mußten, weil die Emulsion vom Film lief oder die Perforation riß. Wir haben monatelang gedreht. Man mußte also brennend an dem Film interessiert sein und ihn lieben, um nicht die Nerven zu verlieren. Unser Kameramann Friedl Behn-Grund trug eine Prothese; ihm war noch in den letzten Kriegstagen ein Bein weggeschossen worden, er heulte vor Schmerzen hinter seiner Kamera. Aber es war eine solche Leidenschaft bei der Arbeit, wie ich sie selten erlebt habe. Ich selbst spielte ja abends noch Theater und hatte nachts Proben fürs nächste Stück.«

Die Zusammenarbeit mit den sowjetischen Kulturoffizieren stellt sich in Hilde Knefs Erinnerung als angenehm dar:

»Es war fabelhaft, weil sie sich überhaupt nicht einmischten. Sie erteilten die Lizenz und gaben das Geld. Das heißt, Geld bedeutete damals im Grunde nichts, es war ja die Zeit der Zigarettenwährung. Aber mit dem Material, das sie uns gaben oder das bei uns noch übriggeblieben war, arbeiteten wir. Die Offiziere ließen den Dingen freien Lauf. Sie standen herum mit ihrem Lametta und waren sehr höflich. Sie brachten immer ihre Zigaretten mit; die schmeckten zwar grauenhaft, waren aber besser als nichts, vor allem wenn man nichts zu essen hatte. Die Offiziere gingen übrigens nicht mal in die Vorführung der Muster. Wenn sie jemandem wie Staudte einmal ihr Vertrauen gegeben hatten, hielten sie sich völlig raus.«

An deutsche kommunistische Funktionäre in der Frühzeit des Nachkriegsfilms erinnert sich Hilde Knef nicht; um so besser an die Premiere des Films im Berliner Admiralspalast an der Friedrichstraße:

»Es war das erste Mal, daß ich bei einer Premiere nicht oben auf der Bühne stand, sondern unten zusah. Es war ja mein erster Film. Ich weiß noch, daß er mit großem Erschrecken aufgenommen wurde. Sie dürfen nicht vergessen, daß wir tatsächlich nichts gewußt hatten. Wir hatten nicht gewußt, was Auschwitz war. Ich hatte den Namen Bergen-Belsen nie gehört.«

Als Hilde Knef zwei Jahre später als erster deutscher Nachkriegsstar nach Hollywood kam, stellte sie erschreckt fest, wie wenig man dort von den Zuständen in Europa und in Deutschland wußte:

»Amerikanische Kollegen, die unseren Film gesehen hatten, mokierten sich über die blöden Kulissen. ›Solche Übertreibungen‹, sagten sie, ›hättet ihr euch aber sparen können.‹ ›Mensch‹, sagte ich, ›wir haben außen gedreht, das ist der Alexanderplatz!‹ – ›Nein, das kann doch nicht wahr sein!‹ – ›Ich schwöre euch, so sieht's in Berlin überall aus!‹«

Die erste Auslandsreise ihres Lebens hatte Hilde Knef kurz zuvor nach Zürich geführt. Nach ihrem dritten Film hatte Erich Pommer, vor 1933 einer der UFA-Chefs, nach 1945 amerikanischer Filmoffizier, der überarbeiteten Hilde eine Erholung angedeihen lassen wollen. Aber der Besuch in der Schweiz wurde ein Desaster:

»Es hatte doch immer geheißen: Es war ein Weltkrieg. Und dann fahre ich ein paar Stunden mit der Eisenbahn und komme in eine Stadt, in der mir eine Frau in einem Geschäft sagt: ›Jaja, der Krieg war für uns sehr schwer, wir hatten manchmal keinen Reis und keinen Kakao.‹ Da wollte ich ihr in die Schnauze hauen. Ich bin ganz schnell raus aus dem Laden, bin in einen Hauseingang und habe geweint. Es war das erstemal nach dem Krieg, daß ich geweint habe. Dann bin ich ins Hotel und wollte aus dem Fenster springen.«

Zeitzeuge: Heinz Rein
Schere im Kopf

Der Berliner Schriftsteller Heinz Rein begann unmittelbar nach Kriegsende wieder zu schreiben. Das war ihm bis dahin verboten gewesen. Er schrieb Erzählungen, die sich mit dem Leben unterm Faschismus befaßten.

»Ich konnte zunächst einmal schreiben und veröffentlichen, was ich wollte, in östlichen wie in westlichen Zeitungen.« Heinz Rein, Jahrgang 1906, war wegen linker Gesinnung und teilweise jüdischer Abkunft im Dritten Reich verfolgt und mit Schreibverbot belegt worden. Seine Eltern starben im KZ Theresienstadt. Er selbst hatte den Krieg als Dienstverpflichteter beim Luftschutz in Berlin überlebt, in Trümmern nach Leichen suchend. Den April 1945 hat er in seinem bekanntesten Buch »Finale Berlin« beschrieben, das 1948 in Ost-Berlin erschien, von dem über 200000 Exemplare verkauft wurden und das 1980 im Westen eine Neuauflage erlebte.

»Nach Kriegsende habe ich in Eichwalde bei Berlin, wo ich Frau und Kind untergebracht hatte, bei der Gemeindeverwaltung mitgearbeitet, weil ich etwas tun wollte für den Aufbau. Ich trat auch in die SPD ein. Als wir mit der KPD zusammengeschlossen werden sollten, wollte unsere Ortsgruppe nicht mitmachen. Aber unser Vorsitzender wurde zum russischen Kommandanten bestellt, der recht gut Deutsch sprach und ihm einen Vortrag hielt, daß die Arbeiterparteien zusammengehen müßten. Wenn wir uns sträubten, dann kämen Folgen auf uns zu, über die er lieber nicht sprechen wolle. Bei der nächsten Versammlung stimmten dann alle dafür.«

Neben der Arbeit in der Gemeindeverwaltung schrieb Heinz Rein seine Erzählungen und machte sich bald auch an sein großes Buch. Er bestätigt, daß auf kulturellem Gebiet in der allerersten Zeit relativ große Freiheit herrschte.

»Ich hatte oft zu tun mit dem Obersten Alexander Dymschitz von der SMAD. Das war ein sehr gebildeter und relativ liberaler Mann. Solche Leute ließen ziemlich viel freie Hand, weil sie die sogenannten fortschrittlichen Bürgerlichen für sich gewinnen wollten. Mit allen Mitteln. Im vertrauten Kreis hieß es auch schon mal: Wir müssen die mit einem Freßchen anlocken. Im Kulturbund gab's gut zu essen. Wir wurden mit einer gewissen Nachsicht betrachtet, mit der Möglichkeit, uns umzuerziehen. Wir waren eine Clique von Leuten, Alfred Kantorowicz gehörte dazu, die zwar in der SED waren, aber ihre Zweifel hatten. Die versuchten wir auch verklausuliert auszusprechen, aber es waren ja immer ein paar Hellhörige dabei.«

Eine härtere Linie in der Kulturpolitik, erinnert sich Heinz Rein, setzten die deutschen Kommunisten durch, die aus der sowjetischen Emigration zurückkehrten.

»Sie waren Leuten wie mir gegenüber nicht unfreundlich, aber sie ließen schnell durchblicken, daß sie künftig das Sagen hätten. Eine Ausnahme war Erich Weinert. Er hatte ein gewisses Verständnis dafür, daß wir nicht alles widerspruchslos akzeptieren konnten. Viele waren auch unsicher und hatten Angst, etwas falsch zu machen. Paul Wandel zum Beispiel, der Präsident der Zentralverwaltung für Volksbildung und spätere Minister. Ich habe 1947/48 eineinhalb Jahre lang in dieser Zentralverwaltung gearbeitet, bis ich sah, wohin der Hase lief. Ich kann mich besinnen, daß etwa 1948 die Zügel ganz scharf angezogen wurden.«

»Mein Buch ›Finale Berlin‹ wurde zuerst in der *Berliner Zeitung* abgedruckt, 1948 brachte es der Dietz-Verlag heraus. Es enthält verschiedene Passagen, in denen ich sage, man darf nicht wieder versuchen, die Jugend mit einem System vollständig zu erfassen, wie es die Nazis gemacht haben. Da habe ich natürlich ersten Widerspruch erlebt. Bei irgendeiner Gelegenheit habe ich auch gesagt, es geht mir durch und durch, wenn ich die FDJ mit Fanfaren aufmarschieren sehe, das weckt in mir grausige Erinnerungen. Das muß wohl irgendwie hinterbracht worden sein. Von da an wurde ich etwas genauer beobachtet.«

Die DEFA-Wochenschau »Der Augenzeuge« vom August 1948 berichtet von einem Besuch des Schriftstellers Heinz Rein im FDJ-Ferienlager Biesenthal.

»Ich wurde damals oft eingeladen, von Betrieben, Parteiorganisationen, von der FDJ. In diesem Ferienlager ging es ganz locker zu, es gab gut zu essen, was ja damals wichtig war. Das war noch nicht so stark ideologisch ausgerichtet. Ich wurde gebeten, aus ›Finale Berlin‹ vorzulesen und ein paar Worte zu sagen. Diskussionen vermied ich möglichst, weil ich nicht sicher war, ob das, was ich sagte, auf der Linie lag. Zu dieser Zeit hörte man ja schon: Der hat Schwierigkeiten, jener hat Schwierigkeiten. Man hatte schon die Schere im Kopf. Ich sagte mir: Was gedruckt ist, kannst du vorlesen, da kann dir nichts passieren.«

»Mein Buch wollten auch die Jugoslawen haben. Der Dietz-Verlag traute sich nicht so recht. Da ging ich zu Grotewohl. Der empfing mich zwar sehr freundlich, aber er druckste und druckste und sagte: Ich weiß nicht, ob das der geeignete Augenblick ist, Tito hat ja den Kommunismus verraten. Er konnte mir jedenfalls nichts sagen. Dann kam ich mal zufällig neben Ulbricht zu sitzen und sprach ihn darauf an. Und er: ›Was stellst du dir vor, Genosse! Das kommt überhaupt nicht in Frage! Diese jugoslawischen Verräter!‹«

Für Heinz Rein war es bald vorbei mit der Schriftstellerei in der DDR. Sein nächstes Buch erschien erst nach vielfältigen Querelen, ein anderes wurde zwei Tage nach Erscheinen zurückgezogen. Die letzten Stationen: 1952 Parteiausschluß und, wieder mal, Publikationsverbot, 1953 Flucht in den Westen.

»Demnächst in diesem Theater ...«

Will man sich unbeliebt machen bei Freunden und Bekannten in der DDR, muß man sie um 19 Uhr oder um 20 Uhr anrufen, wenn »heute« und »Tagesschau« auch über die Bildschirme der anderen Republik flimmern. Das West-Fernsehen ist für die meisten DDR-Bürger die wichtigste Informationsquelle und, genau wie bei uns, eine der beliebtesten Freizeitbeschäftigungen.

Fast zur gleichen Zeit führten beide deutsche Staaten 1952 das elektronische Massenmedium ein. Vorher ging die Mehrzahl der Menschen in Ost und West ins Kino, wenn sie sich informieren und unterhalten lassen wollten.

Die meisten Kinos in der SBZ wurden bis 1949 verstaatlicht und in der »Vereinigung volkseigener Lichtspiele« (VVL) zusammengefaßt bzw. vom sowjetischen Filmverleih Sovexport übernommen. Genau wie in den Westzonen die Amerikaner, Briten und Franzosen, wachten die Sowjets in der SBZ über das Kinoprogramm und die Filmproduktion. Ausländische Filme, die nicht aus der Sowjetunion kamen, wurden bis 1948 überhaupt nicht aufgeführt. Deutsche Produktionen, die vor Ende des Krieges entstanden waren, kamen erst ab 1946 wieder in die Kinos.

Im Dezember 1945 wurde »Der Augenzeuge«, die Wochenschau der SBZ, ins Leben gerufen. Ende Februar 1946 erschien sie zum ersten Mal auf den Leinwänden der Kinos. Es war die erste Produktion der damals noch gar nicht offiziell gegründeten DEFA.

Die ersten Ausgaben des »Augenzeugen« begannen mit dem Motto: »Sehen Sie selbst, hören Sie selbst – urteilen Sie selbst!« Doch dieser Aufforderung mochten nach den ersten Nummern immer weniger Zuschauer folgen. Die von SMAD und SED gewünschte Meinung zu Themen der Zeit wurde zunehmend agitatorisch formuliert. Von der Gesamtproduktion der DEFA war »Der Augenzeuge« am eindeutigsten ein Mittel der Propaganda. Und folgte im Hauptprogramm dann noch ein – wie es damals hieß – »Russenfilm«, blieb das Kino leer. Wie bei der sowjetischen Produktion »Es blinkt ein einsam Segel«, deren Titel von Insidern zu »Es blinkt ein einsam Sessel« verballhornt wurde.

Vergleichsweise größeren Zulauf hatten die Spielfilme aus den Ateliers der DEFA. Ihre in den ersten Jahren gedrehten Produktionen waren noch ziemlich frei von einseitigen politischen Tendenzen. Es waren Filme, die in ihrer Form und Aussage auch von Zuschauern akzeptiert werden konnten, die nicht unbedingt der SED und dem Kommunismus nahestanden. Sie entsprachen dem proklamierten und auch in der Bevölkerung weitestgehend akzeptierten Programm einer »antifaschistisch-demokratischen Ordnung«, und dieser liberale Kurs erlaubte auch noch mehrere Denkrichtungen innerhalb der DEFA, auch wenn die Direktion des Studios von Anfang an mit SED-Mitgliedern besetzt war. (Allein die Leitung der Dramaturgie war bis 1950 mit Parteilosen besetzt.) Die DEFA selbst wurde im November 1947 von einer GmbH in eine Sowjetische Aktiengesellschaft umgewandelt, an deren Aktienkapital die SED über eine Holding-Gesellschaft zu 45 Prozent beteiligt war.

Von Anfang an bedurften alle Filmthemen, Drehbücher und fertigen Filme der Genehmigung durch den Kontrolloffizier der SMAD. Die abgedrehten Filme wurden zudem, bevor sie in die Kinos kamen, von einer Kommission aus Mitgliedern der SMAD und der SED begutachtet und kritisiert. Nicht selten kam es dabei zu Beanstandungen, und die fertigen Filme mußten geändert werden. Daß es sich dabei wohl mehr um politisch als künstlerisch motivierte Beanstandungen gehandelt hat, darf vermutet werden.

Trotzdem hatten viele der ersten DEFA-Filme ein hohes künstlerisches Niveau, und einige von ihnen wurden auch Renner beim Publikum. So zählte »Ehe im Schatten« in sechs Monaten 3,8 Millionen Zuschauer, »Razzia« brachte es auf 4,5 Millionen Besucher in elf Monaten. Hohe Zahlen, die sich allerdings relativieren, wenn man beachtet, daß zu dieser Zeit kaum westliche Filme im Angebot waren. Dies sollte sich in den folgenden Jahren ändern, und in einem Artikel hieß es 1952:

»Wird in einem Lichtspieltheater ein Film aus der Vorkriegs-Produktion oder aus Westdeutschland gezeigt, dann kann man mit Bestimmtheit annehmen, daß fast jede Vorstellung ausverkauft ist. Läuft jedoch ein sowjetischer, volksdemokratischer oder DEFA-Film, dann kann man die Besucher sehr oft zählen.«

Zum Erinnern oder Entdecken – ein Querschnitt der DEFA-Produktion 1946 bis 1949:

Die Mörder sind unter uns (1946, Regie: Wolfgang Staudte)
Der erste Trümmer-Film handelt von Schuld und Gewissen der Kriegsgeneration.

Irgendwo in Berlin (1946, Regie: Gerhard Lamprecht)
Kinderschicksale unmittelbar nach Ende des Krieges.

Razzia (1947, Regie: Werner Klingler)
Handlung des Films ist der Kampf der Berliner Polizei gegen Hintermänner einer Schwarzmarkt-Bande. Der erste DEFA-Krimi.

Ehe im Schatten (1947, Regie: Kurt Maetzig)
Ein Berliner Schauspieler, verheiratet mit einer Jüdin, soll während der Nazi-Zeit zur Scheidung gezwungen werden.

Wozzek (1947, Regie: Georg C. Klaren)
Verfilmung des Büchner-Dramas.

1–2–3 Corona (1948, Regie: Hans Müller)
Ein mit einfachen Mitteln gestalteter Film aus dem Zirkusmilieu. Debüt einiger später erfolgreicher Schauspieler.

Rotation (1949, Regie: Wolfgang Staudte)
Das Leben eines deutschen Arbeiters zwischen 1920 und 1945.

»Sport frei!«

Daß Sport sehr wohl mit Politik zu tun habe, wußte schon der Urahn neuzeitlicher Leibesertüchtigung, »Turnvater« Jahn, der vor 180 Jahren die deutsche Jugend körperlich und moralisch gegen die Fremdherrschaft Napoleons rüsten wollte. Auch in den Arbeitersportvereinen der Weimarer Republik traf man sich nicht nur zum Schwimmen und Radfahren, und 1933 ging man vielfach gemeinsam in die Illegalität. Nach 1945 wurde der Sport in der SBZ auf andere Weise politisiert: als Instrument der Machthaber.

Ausführendes Organ, aber auch treibende Kraft war vor allem Walter Ulbricht, ein Sportanhänger und aktiver Sportler seit seiner Jugend, in erster Linie jedoch ein nüchtern kalkulierender kommunistischer Funktionär.

Ende 1945 hatte der Alliierte Kontrollrat für ganz Deutschland die Auflösung aller Turn- und Sportvereine verfügt, was in den Westzonen sogleich wieder rückgängig gemacht wurde. 1946 begann Ulbricht unter Aufsicht der SMAD mit dem Aufbau einer sozialistischen Sportorganisation, wie er sie in der UdSSR kennengelernt hatte. Das Motto hieß, etwas irreführend: »Sport frei!« Ulbricht konnte auf Funktionäre und Traditionen der »roten« Sportbewegung zurückgreifen. Er sorgte dafür, daß Sozialdemokraten ohne Einfluß blieben. Ehemalige Nazis durften mitmachen, aber nicht in führenden Positionen. Probleme bereiteten besonders traditionsreiche bürgerliche Vereine, die ihre Auflösung nicht einfach hinnehmen wollten. Das Profitum, das es bei Boxern, Ringern und Radfahrern noch gab, wurde geräuschlos beseitigt. Man konnte ja immer und überall erfolgreichen »Amateuren« das Nötige zukommen lassen.

So war also im Sport, wie auf anderen Gebieten, zunächst einmal das Alte beseitigt, aber das Neue mußte erst noch Gestalt annehmen. Anders als in den Westzonen waren es in der SBZ rein politische Organisationen, die sich im Auftrag von SMAD und SED um das neue Gesicht des Sports kümmerten: der FDGB und die FDJ. Die Einheitsgewerkschaft und die Jugendorganisation riefen eigene Sportgemeinschaften ins Leben und gründeten schließlich am 1. Oktober 1948 auf höhere Weisung hin gemeinsam den »Deutschen Sportausschuß«. Zitat aus der Gründungsproklamation: »Unsere Sportlerinnen und Sportler beteiligen sich an der Aktivistenbewegung für den Zweijahrplan und helfen beim Aufbau der Neubauernhäuser.« Und der Vorsitzende des FDJ-Zentralrats, Erich Honecker, befand: »Der Sport ist nicht Selbstzweck, sondern Mittel zum Zweck.« Das hatte ja, unter anderen Vorzeichen, auch schon Turnvater Jahn gemeint.

Nach Medaillen gerechnet, wurde die neue sozialistische Sportbewegung bekanntlich ein voller Erfolg.

Der Fußball lief nicht rund (Ein Kapitel vor allem für Fans)

Im Juni 1944, als schon alles in Scherben fiel, kamen noch 70000 Menschen ins Berliner Olympiastadion, um das (vorerst) letzte Endspiel um die Deutsche Fußballmeisterschaft zu erleben. Der Dresdner Sport-Club schlug den Luftwaffen-Sportverein Hamburg mit 4 : 0. Die Stars des unschlagbaren DSC waren Willibald Kreß, Helmut Schön und Richard Hofmann. Dann kam erstmal das Aus.

In der Sowjetischen Besatzungszone rappelte sich der »Volkssport Nr. 1« unter den argwöhnischen Augen der SMAD ganz langsam auf. Dabei hatte es gerade in Sachsen, Thüringen und Berlin traditionsreiche Vereine gegeben: den VfB Leipzig (erster Deutscher Meister 1903), den besagten Dresdner Sport-Club, den Planitzer Sport-Club, den 1. SV Jena 03, den FC Wacker Halle, die SpVgg. Erfurt, den SC Union Oberschöneweide aus dem Südosten Berlins. Nicht alle, aber viele Spieler hatten den Krieg überlebt, das Publikum war hungrig nach gutem Fußball, es hätte schnell bergauf gehen können.

Aber die Besatzungsmacht atomisierte den Sport zunächst, um ihn anschließend systemgerecht aufbauen zu können. Sie bestimmte, Fußballspiele seien nur zwischen Mannschaften aus ein und demselben Kreis bzw. aus ein und derselben Stadt auszutragen. So durften bis auf weiteres auch Elitekicker nur gegen Bolzer aus der engsten Nachbarschaft antreten. Während es 1946 schon einen süddeutschen Meister gab, nämlich den VfB Stuttgart, durfte selbst 1947 die »Sportgruppe Friedrichstadt«, die Nachfolgerin des großen DSC, gerade eben die Stadtmeisterschaft von Dresden erringen.

Immerhin konnten im selben Jahr die ostzonalen Länder Mecklenburg und Brandenburg ihre Fußballmeister ermitteln: die SG Rostock Süd bzw. die SG Cottbus Ost. Die übrigen Länder, also Sachsen, Thüringen und Sachsen-Anhalt, durften das auch 1948 noch nicht. Das war jedoch das Jahr, in dem die erste Meisterschaft der Ostzone ausgetragen wurde. Die beiden nördlichen Länder schickten dazu ihre Meister und Vizemeister, die drei südlichen Länder mußten eigens Qualifikationsrunden ausspielen. Zehn Vereine traten zur Endrunde um die Ostzonen-Meisterschaft an. Schon im Halbfinale waren die Mannschaften aus dem traditionell starken Süden der Zone unter sich: Die SG Planitz (Zwickau) schlug die SG Weimar Ost mit 5 : 0, die SG Freiimfelde Halle schlug die SG Meerane 5 : 2. Das Endspiel am 4. Juli 1948 in Leipzig sahen 40000 Zuschauer. Die SG Planitz besiegte Halle mit 1 : 0.

In der folgenden Saison durften, endlich, alle Länder der Ostzone ihre Meisterschaften austragen. Hier die (meist längst vergessenen) Sieger: SG Wismar Süd (Mecklenburg), SG Babelsberg (Brandenburg), SG Freiimfelde Halle (Sachsen-Anhalt), Fortuna Erfurt (Thüringen), SG Friedrichstadt Dresden (Sachsen).

Meister und Vizemeister der fünf Länder traten 1949 um die zweite Ostzonen-Meisterschaft an. Wieder dominierte der Süden der Zone, im Endspiel in Dresden (50000 Zuschauer) siegte die (gerade umbenannte)

Mannschaft von ZSG Union Halle gegen Fortuna Erfurt mit 4 : 1. Zweifacher Torschütze der Hallenser war der seinerzeit berühmte Mittelstürmer Herbert Rappsilber (er lebt heute im Schwäbischen), Chef der Abwehr Mittelläufer Otto Knefler (er war später Bundesligatrainer und lebt leider nicht mehr).

1949 wurde endlich in der Sowjetischen Zone eine oberste Spielklasse geschaffen: die »Zonenliga«, später »DS-Liga« (benannt nach dem Deutschen Sportausschuß), noch später (und bis heute) »DDR-Oberliga«. Die Auswahl der ersten Mitglieder dieser Liga war umstritten. Der Süden der Zone fand sich, gemessen an der Spielstärke, nicht ausreichend berücksichtigt. Ein paar relativ schwache »Betriebssportgemeinschaften« wurden hineingeschoben, um dem neuen Prinzip der »sozialistischen Sportbewegung« zum Durchbruch zu verhelfen. In der Saison 1949/50 setzten sich aber die Traditionsvereine (bzw. deren Nachfolger) noch einmal durch: Horch Zwickau (ehemals SG Planitz) wurde erster Fußballmeister der DDR, die SG Friedrichstadt Dresden Vizemeister. Der Zwickauer Heinz Satrapa war erster Torschützenkönig der DDR-Oberliga.

Natürlich waren die deutschen Fußballanhänger, insbesondere die ostdeutschen, der Ansicht, es müsse eine gesamtdeutsche Meisterschaft ausgespielt werden. 1947 fanden vorbereitende Gespräche statt, mit Vertretern aus allen vier Besatzungszonen, ohne Ergebnis. 1948 sollte es soweit sein. Aber als der Ostzonen-Meister, die SG Planitz, zum Vorrundenspiel gegen den 1. FC Nürnberg nach Stuttgart fahren wollte, verbot es die sowjetische Besatzungsmacht.

Ein Jahr später gab es den letzten Versuch, einen gesamtdeutschen Meister zu ermitteln. Der Meister der Westzonen, der VfR Mannheim, wurde im August 1949 zu einer Art Superfinale in Chemnitz gegen den Ostzonen-Meister ZSG Union Halle erwartet. Aber die Mannheimer sagten kurz vorher ab! Damit war der letzte Anlauf gescheitert.

Berlin, die Vier-Sektoren-Stadt, spielte auch im Fußball eine komplizierte Sonderrolle. Die Alliierten erlaubten schon 1945/46 eine Stadtmeisterschaft. Zu diesem Zweck wurden in den 20 Stadtbezirken 36 Mannschaften zusammengestellt, künstliche Gebilde, die nichts mit den alten Traditionsvereinen zu tun hatten. Die Endrunde gewann Wilmersdorf gegen Prenzlauer Berg West.

Im Jahr darauf gab es eine (Gesamt)-Berliner Stadtliga, Meister wurde die SG Charlottenburg mit dem überragenden Torjäger »Hanne« Berndt (53 Tore in einer Saison!). Wieder ein Jahr später, 1948, gewann eine Mannschaft aus dem Sowjetischen Sektor, die SG Oberschöneweide (ehemals Union Oberschöneweide). Als Meister von Groß-Berlin hatte sie zwar mit der Ostzonen-Endrunde nichts zu tun, spielte jedoch um die Meisterschaft der Westzonen mit. (Verrückte Fußball-Politik damals!) Die Oberschöneweider flogen allerdings im ersten Endrundenspiel im (West)-Berliner Olympiastadion gegen den FC St. Pauli aus dem Wettbewerb.

Auch nach Gründung der DDR im Oktober 1949 bestand die Berliner Stadtliga zunächst weiter. Und das, obwohl sich noch im selben Monat in Ost-Berlin eine »Fußballsparte« des Sportausschusses und in West-Berlin ein »Verband Berliner Ballspiel-Vereine« gegründet hatten. Das Problem war: Die West-Berliner Vertragsspieler kickten nun gegen Geld, und solche Verderbnis sollten die Ost-Berliner nicht mitmachen müssen.

Der Bruch kam 1950, als die Oberschöneweider (inzwischen wieder »Union«) als Berliner Meister erneut an der Deutschen Meisterschaft der Westzonen teilnehmen wollten, aber nicht zum Endrundenspiel gegen den Hamburger SV reisen durften. Besser gesagt: nicht gedurft hätten. Denn sie fuhren trotzdem – und blieben anschließend in West-Berlin. Sie gründeten dort den SC Union 06 und wurden schnell die führende Mannschaft der West-Berliner Liga. Die verbliebenen Ost-Berliner Teams wurden in die verschiedenen DDR-Ligen eingegliedert, wo sie kaum eine Rolle spielten.

Eine ähnliche Geschichte erlebte im selben Jahr 1950 die SG Friedrichstadt Dresden. Dieser Verein mit seinem Star Helmut Schön, der die Mannschaft trainierte und auch spielte und Tore schoß, war der populärste der Ostzone. Durchschnittlich 28 000 Zuschauer kamen zu Heimspielen; davon träumt heute mancher Bundesligaclub. Aber dieser immer noch bürgerlich geprägte Traditionsverein war den Sportfunktionären offensichtlich ein Dorn im Auge. Er hatte schon manche Schikane überstanden, bis kurz vor Ende der Saison 1949/50 den Spielern mitgeteilt wurde, ihr Verein werde aufgelöst und sie würden auf verschiedene Betriebssportgemeinschaften verteilt. Die Mannschaft, immerhin DDR-Vizemeister, ging geschlossen in den Westen. So kam der Fußball der Bundesrepublik letzten Endes zu seinem erfolgreichsten Trainer.

Wenige erinnern sich, daß Helmut Schön vor seiner Flucht in den Westen auch der erste Auswahltrainer der SBZ bzw. DDR war. Freilich war diese Auswahl von Beginn an so vielen politisch motivierten Manipulationen ausgesetzt, daß sie notorisch erfolglos blieb. Mit einer Ausnahme: dem berühmten 1 : 0 gegen die Bundesrepublik im Vorrundenspiel der WM 1974 in Hamburg. Gegen Helmut Schöns Mannschaft also, die danach trotzdem Weltmeister wurde. Von Sparwassers »goldenem Tor« träumen seither die Fußballfunktionäre der DDR. Sparwasser selbst lebt inzwischen im Westen.

Die Mörder sind unter uns
BUCH u REGIE:
WOLFGANG STAUDTE
Ein DEFA Film
SOVEXPORTFILM MOSCOW
VERLEIH SOVEXPORTFILM VERTR. IN DEUTSCHL. BERLIN N.58 MILASTR. 2

Mit Wolfgang Staudtes »Die Mörder sind unter uns« beginnt 1946 der deutsche Nachkriegsfilm. Die sowjetisch lizenzierte DEFA befaßt sich in ihren ersten Spielfilmen mit zeitgemäßen Themen: Bewältigung der Nazivergangenheit, Schicksale im Dritten Reich und in seinen Trümmern.

Hilde Knef: Mit knapp zwanzig Jahren spielt sie ihre erste Filmrolle in »Die Mörder sind unter uns« – der Start einer Weltkarriere. Die Trümmer von Berlin werden für viele Regisseure aus dem In- und Ausland zu einer »attraktiven« Filmkulisse.

Reise-Paß
1848
Fuer Herrn
Königreich Preußen
UND WIEDER 48
EIN DEFA FILM
BUCH UND REGIE: GUSTAV v. WANGENHEIM
PRODUKTIONSLTG: K. HAHNE · KAMERA: B. MONDI · BAUTEN: W. SCHILLER W. EPLINIUS · MUSIK: E. ROTERS
MIT: INGE v. WANGENHEIM · E.W. BORCHERT · JOSEF SIEBER · VIKTORIA v. BALLASKO · ANN HÖLING
WILLI ROSE · H. HINDEMITH · ROBERT TRÖSCH · F. WAGNER · E. v. WINTERSTEIN · PAUL BILDT · ERNST LEGAL

»Fortschrittliche Traditionen« der deutschen Geschichte wie die Revolution von 1848 sind beliebte Themen für DEFA-Filme.

Einzelne Produktionen der DEFA finden großen Zuspruch beim Publikum – im Gegensatz zu den meisten sowjetischen Filmen, deren Besuch deshalb ganzen Schulklassen »verordnet« wird.

Die erste Klappe. Im Mai 1946 beginnen in Berlin die Dreharbeiten zu »Die Mörder sind unter uns«.

Wolfgang Staudte (rechts oben, mit Hut) hat die Idee seines Films zuerst vergeblich im Westen angeboten. Nun dreht er für die DEFA die Geschichte des Kriegsverbrechers, den unerwartet der Schatten seiner Vergangenheit einholt.

»Wenn bei Capri die rote Sonne im Meer versinkt ...« Rudi Schuricke singt im Haus des Berliner Rundfunks das Lied von den Caprifischern. Es ist der erste große Schlager der Nachkriegszeit – und noch ein »gesamtdeutscher«.

Die berühmteste Glatze in der SBZ gehört Oberst Sergej I. Tulpanow. Der Leiter der Informationsabteilung der SMAD, hier auf einem Parteitag der SED, hat weitreichende Befugnisse bei der Umsetzung sowjetischer Absichten in der SBZ. Der studierte Germanist kümmert sich mit Vorliebe um die Kultur.

Ruderregatta vor den Ruinen Berlins. Langsam kommt der Sport wieder in Gang. Es fehlt an Sportstätten und -geräten. Außerdem will die mißtrauische Besatzungsmacht keine »freie« Sportbewegung, sondern eine sozialistische.

Der Ball rollt wieder – aber mit Schwierigkeiten. Die traditionsreichen Fußballvereine sind aufgelöst oder umorganisiert worden. Einzelne Spieler und bisweilen ganze Mannschaften entschließen sich zum »Seitenwechsel« in den Westen. Darunter der Dresdner Helmut Schön (»der Lange« in der Mitte), der – viele Jahre vor seiner Zeit als Bundestrainer – der erste Auswahltrainer der SBZ ist.

Kinder für den Sozialismus

Wenn Kinder aus der SBZ und später aus der DDR in den Westen kamen, stellten sie meistens fest, daß ihre neuen Klassenkameraden ziemliche Kindsköpfe waren. Nicht nur, daß sie vom Ernst des Lebens, vom Schlangestehen und Pferdeäpfelsammeln, nichts verstanden; nein, sie waren auch politisch ganz unbedarft.

Kinder in der SBZ bzw. DDR hatten sich für Politik zu interessieren, denn sie mußten Aufsätze darüber schreiben. Schon als Zehnjährige. Und beim Aufsatzschreiben mußten sie aufpassen, daß ihnen nichts zwischen die Zeilen geriet, was die Eltern in Gefahr bringen konnte. Zum Beispiel nichts, was den Schluß erlaubte, daß zu Hause verbotenerweise der »Hetzsender« Rias gehört wurde.

Bei Kriegsende gab es in der SBZ rund 40000 Lehrer. Über zwei Drittel davon hatten der NSDAP angehört. Die Kommunisten, die deutschen wie die sowjetischen, hielten es für unerträglich, Kinder weiterhin diesen überzeugten oder auch nur opportunistischen PGs auszusetzen. Sie »säuberten« in bemerkenswerter Eile den Schuldienst. Sie entließen schon im ersten halben Jahr 11000 Lehrer und ersetzten sie durch 15000 »Neulehrer«. Ein Jahr später gab es bereits 40000 Neulehrer, so daß der »Blutaustausch« im wesentlichen abgeschlossen war.

Über die Qualität der Neulehrer ist viel gespottet worden. Viele zeichneten sich mehr durch »Linientreue« als durch Deutschkenntnis und pädagogisches Geschick aus. Auch muß der »neuen« Schule angelastet werden, daß sie von Anfang an nicht weniger doktrinär war als die alte, nur eben einer anderen Ideologie verpflichtet.

Aber in einer Hinsicht hat diese Schule bei allen, die sie besuchten, ihre Spur hinterlassen: Sie war konsequent antifaschistisch. Sie kannte nicht das drückebergerische Drumherumreden, mit dem die meisten westdeutschen Bildungseinrichtungen sich der Aufklärung über die lästige Unzeit zu entziehen trachteten.

1946 wurde die »Einheitsschule« eingeführt. Alle Kinder besuchten acht Jahre lang die Grundschule, danach vier Jahre lang die Oberschule oder drei Jahre lang die Berufsschule. Ob man den Sprung auf die Oberschule schaffte, hing nicht nur von den Zeugnisnoten ab, sondern auch (wenn nicht vor allem) von der proletarischen Herkunft. Viele Familien entschlossen sich in erster Linie deshalb zur Flucht, weil sie ihren Kindern anders keine gute Ausbildung garantieren konnten.

Und »drüben« stieß man dann auf besagte Kindsköpfe.

Zeitzeugin: Carola Stern

Neulehrer

Carola Stern, heute eine bekannte Publizistin in der Bundesrepublik Deutschland, gehörte in der SBZ zu den jungen Frauen und Männern, die sich für eine Ausbildung zum sogenannten »Neulehrer« bewarben.

»1945 waren zunächst alle Lebensträume zerronnen. Es ging eigentlich nur noch ums Überleben. Ich hatte davon geträumt, Literatur und Kunstgeschichte zu studieren, aber das ging alles nicht mehr. Ich brauchte schon aus finanziellen Gründen einen Beruf, in dem ich ziemlich schnell meine Ausbildung beenden und Geld verdienen konnte. So ging es vielen von uns. Neulehrer zu werden war damals eine Möglichkeit, sich durchzuschlagen, und gleichzeitig hatten wir das Bedürfnis, selbst neu anzufangen und am allgemeinen Neuanfang teilzuhaben. Ich habe sehr positive Erinnerungen an diese ersten Jahre der Schulpolitik in der Sowjetischen Besatzungszone.«

»Die ersten Neulehrer hatten eine Ausbildung von wenigen Wochen oder wenigen Monaten erhalten, während ich in einen Geschichtslehrer-Kurs kam, der immerhin zwei Jahre dauerte. Viele dieser Neulehrer sind dann später durch eine systematische Weiterbildung gute und eindrucksvolle Pädagogen geworden. Ihre ersten Schülergenerationen – das sind heute die 40- bis 50jährigen DDR-Bürger – haben, denke ich, durch diese Neulehrer im Geschichtsunterricht eine sehr viel intensivere Kenntnis der Zeit des Nationalsozialismus und der NS-Verbrechen erhalten als ihre Altersgenossen, die im Westen zur Schule gingen.«

»Schließlich erinnere ich mich an die eindrucksvollen sozialdemokratischen Schulreformer aus der Weimarer Republik, die in der ersten Phase der neuen Schulpolitik noch eine große Rolle spielten. Sie haben mir eine Geschichtsauffassung vermittelt, die in den Nazi-Schulen nicht gelehrt wurde, die heute aber selbstverständlich ist. Es hat mich schon sehr beeindruckt zu hören, daß Geschichte nicht nur Haupt- und Staatsaktion ist, sondern etwas zu tun hat mit den ökonomischen Verhältnissen und mit sozialen Bewegungen. Das alles war sehr aufregend für mich und auch sehr schön. Nur, ich will auch hinzufügen, daß unsere Lehrer und wir, als künftige Geschichtslehrer, gleich zu Beginn der Ausbildung in die SED eintreten mußten.«

Die Neulehrer hatten anfangs keinen leichten Stand bei ihren Schülern und deren Eltern.

»Wir haben als Neulehrer sehr viel Spott erfahren von der Bevölkerung. Es wurde immer wieder erzählt, da sei ein Lehrer, der habe Mohrrübe ohne ›h‹ an die Tafel geschrieben oder andere Fehler gemacht, die den Wissensstand eines Lehrers in Frage stellten. Ich selbst war ziemlich entsetzt, als ich an meine erste Schule kam und erfuhr, daß ich Englischunterricht geben müßte. Englisch hatte ich selbst in der Schule nur recht unvollkommen gelernt und war meinen Schülern höchstens eine Lektion voraus. Nun war aber das

Unglück, daß meine Schule in der Nähe von West-Berlin lag. Die Schüler brachten immer Konservenbüchsen aus amerikanischen Armeebeständen in den Unterricht mit, die sie drüben auf dem schwarzen Markt gekauft hatten. Ich sollte dann als Englischlehrerin die Etiketten übersetzen. Aber was *beans* heißt, das wußte die Lehrerin nicht. Es war etwas peinlich.«

»An den Alltag in den Klassenzimmern denke ich noch heute mit Schrecken. Meine Schüler, zehnjährige Jungen und Mädchen, waren außer Rand und Band. Die waren überhaupt nicht bereit, dieser jungen Lehrerin zu folgen und irgendwelche Disziplin zu zeigen. Das lag aber oft daran, daß ihre Väter noch in der Kriegsgefangenschaft waren und die Mütter mit ihnen alleine nicht fertig wurden. Von Neulehrern ließen sich diese Kinder schon überhaupt nichts sagen. Das war meine erste und stärkste Erfahrung.«

»Was mich an diesen zehnjährigen Kindern, bei all ihrer Unbändigkeit, sehr erstaunte, war, wie sehr sie in diesem Alter schon nach Sicherheit strebten. Im Deutschunterricht habe ich beispielsweise mit ihnen ein Gedicht von Freiligrath durchgenommen, ›Die Auswanderer‹. Ich glaubte, daß die Kinder mein Fernweh teilen würden, sich genauso wie ich danach sehnten, auszuwandern, die Welt kennenzulernen. Aber daran waren sie nicht interessiert. Ihnen war es lieber, zu Hause zu bleiben, denn was sie draußen in der Welt erwarten würde, könnte ja noch schlimmer sein als im zerstörten Deutschland. Als Söhne und Töchter von Gemüsebauern hätten sie doch daheim wenigstens ihr Essen.«

»Als Neulehrer im Fach Geschichte vor die Klasse zu treten, war für mich auch nicht immer unproblematisch. So ganz wohl habe ich mich manchmal in meiner Haut nicht gefühlt. Einerseits hatte ich noch gerade einige Jahre vorher unter den Nationalsozialisten das Gymnasium besucht und im Abitur einen Aufsatz über die Hohenzollern als großartige preußische Könige geschrieben. So hatte ich es damals gelernt. Andererseits stand ich nun vor meinen Schülern und erklärte, wiederum mit Inbrunst, daß Friedrich der Große keineswegs ein großer Preußenkönig gewesen sei, sondern ein Verbrecher, verantwortlich eigentlich für die ganze Entwicklung, die zum Faschismus geführt hat. Ich weiß übrigens bis heute nicht genau, was ich über diesen Friedrich denken soll.«

Bis zur Gründung der DDR sollte sich auch die Schule in der SBZ noch einmal wandeln.

»Auch in der Rückschau war diese Schulreform des Jahres 1946, die Absetzung und Entlassung aller alten Lehrer, die durch ihre Mitwirkung am NS-Staat belastet waren, und die Einsetzung der Neulehrer bei allen Anfangsschwierigkeiten eine richtige und notwendige Reform.«

»Die entscheidende Wende begann Mitte 1948 mit dem Beschluß über die Umwandlung der SED in eine bolschewistische Partei neuen Typs. Hintergrund dieser Entwicklung war der Abfall Jugoslawiens unter Tito vom Sowjet-Block, der Stalin bewogen hatte, überall in den späteren Volksdemokratien die

Bolschewisierung zu betreiben. Das führte in der SBZ dazu, daß der bekannte Slogan ›Von der Sowjetunion lernen heißt siegen lernen‹ überall durchgesetzt werden sollte. Alle Experimente im Schulwesen entfielen, die sozialdemokratischen Schulreformer wurden entlassen und die sowjetische Lernschule auch bei uns eingeführt. War es bis dahin unser Ziel, die Experimentierfreude in unseren Schülern zu wecken, sie zur Selbständigkeit und zur Mitarbeit anzuregen, kehrte das neue pädagogische Konzept zum Drill zurück. Es war ähnlich wie in der NS-Schule, wenn natürlich auch mit anderen Inhalten. Die Selbständigkeit des Schülers war nicht mehr gefragt. Er sollte jetzt durch Drill aufnehmen, was von ihm als späterem Bürger eines sozialistischen Staates erwartet wurde: Disziplin und Ordnung.«

1948 verließ Carola Stern die Schule und wurde Schulreferentin des SED-Landesvorstandes in Brandenburg. In dieser Position arbeitete sie auch mit der sowjetischen Besatzungsmacht zusammen. Es war die Zeit des aufkommenden Kalten Krieges, der auch vor Lehrern und Schülern nicht haltmachte.

»Es gab, zumindest bis zur Gründung der DDR, sowjetische Schuloffiziere, die die Arbeit in den Schulen beaufsichtigten und kontrollierten. Und ich kann mich erinnern, daß ich einmal zu einem Schuloffizier des Landes Brandenburg bestellt wurde. Ich wußte nicht, worum es ging, und war auf alle möglichen Fragen vorbereitet, nur nicht auf die, die dann kam:

›Was geht in den Hilfsschulen des Landes Brandenburg vor?‹

›Hilfsschulen? Was soll da vorgehen?‹

›Ja, Sie müssen wissen, daß der Klassenfeind auf diesen Hilfsschulen wühlt und die Absicht hat, begabte Arbeiter- und Bauernkinder auf Hilfsschulen zu verdammen, um sie so fernzuhalten von späteren Schlüsselpositionen im sozialistischen Staat.‹

Das erschien mir natürlich schon damals absurd, aber diese Anekdote kennzeichnet die makabre politische Situation in dieser Zeit.«

»Ich kann mich erinnern, wie wir lernen mußten, Tito sei durch seinen Abfall von Stalin zum Arbeiterverräter geworden, und gleichzeitig wurden wir aufgerufen, das Bündnis mit früheren HJ-Führern in Westdeutschland zu suchen für den Kampf gegen das Adenauer-Regime. Ich erinnere mich aber auch, daß diese absurden politischen Thesen von einer ganzen Reihe von Lehrern nicht widerspruchslos hingenommen wurden.«

1951 verließ Carola Stern die DDR und studierte in West-Berlin.

Zeitzeuge: Kurt Scharf
»Ulbricht war unser Unglück«

Kurt Scharf, während der Zeit des Nationalsozialismus Pfarrer der Bekennenden Kirche, kehrte 1945 aus amerikanischer Kriegsgefangenschaft zurück, übernahm das Amt des Präses der Brandenburgischen Bekenntnissynoden und wurde Probst für das Land Brandenburg in der Kirchenprovinz Berlin-Brandenburg. Diese Provinz umfaßte sowohl Groß-Berlin als auch Teile der SBZ. Kurt Scharf ist heute 86 Jahre alt und lebt in West-Berlin.

Erstaunlich ist, wie unproblematisch nach seiner Erinnerung das Verhältnis zwischen der sowjetischen Besatzungsmacht und der Kirche begann.

»Wir haben erlebt, daß Kulturoffiziere der Sowjets Pfarrfrauen, deren Männer noch nicht aus dem Krieg zurückgekehrt waren, ermahnt haben, Gottesdienste anzusetzen und zu predigen. Die Menschen sollten, bei all der Not in den Gemeinden, einen inneren Rückhalt finden. Es ging sogar so weit, daß Bischof Dibelius und Oberst Tulpanow, der damals in der SMAD eine entscheidende Rolle spielte, die Gemeinsamkeiten in der deutsch-russischen Geschichte feststellten und ihre gemeinsame Verehrung für Bismarck.«

»Sehr hoch erkannte die sowjetische Besatzungsmacht den Widerstand der Bekennenden Kirche gegen die Verbrechen des Dritten Reiches an, vor allem auch gegen den Überfall Hitlers auf die Sowjetunion und den Kriegsbeginn überhaupt. Daß die Bekennende Kirche sehr eindeutig während des Krieges dieses Unrecht und die Verbrechen in den besetzten Gebieten öffentlich angeklagt hatte, wußte man in der Sowjetunion. Man wußte es dort besser als in manchen deutschen Gemeinden und Verwaltungen. Die Bekennende Kirche galt den Sowjets als die Repräsentanz der evangelischen Kirche in Deutschland.«

Unter den evangelischen Theologen, Pfarrern und anderen Mitarbeitern der Kirche gab es aber auch solche, die sich unter Hitler schuldig gemacht hatten. Sie hatten als »Deutsche Christen« Hitler unterstützt, seinen Rassenwahn von den Kanzeln gepredigt.

»Soweit es sich um Pfarrer handelte oder um hauptamtliche kirchliche Mitarbeiter, wurde die Entnazifizierung den Kirchen überlassen. Wir haben damals auch in der Sowjetischen Besatzungszone Verfahren durchgeführt zur Wiederherstellung eines an Schrift und Bekenntnis gebundenen Pfarrerstandes. In Lehrzucht-Verfahren haben wir Pfarrer der ehemaligen ›Deutschen Christen‹ verurteilt, das heißt, wir haben darum geworben, daß sie ihr Unrecht ehrlich einsahen und sich distanzierten. Danach konnten wir sie unter bestimmten Bewährungsauflagen auch wieder beschäftigen. Dies alles fand in eigener Verantwortung der Kirche statt.«

Mit der Boden- und der Schulreform kam es aber dann zu den ersten Konflikten zwischen Kirche und Besatzungsmacht.

»Wir haben damals als Leitungen der einzelnen Kirchenprovinzen und Landeskirchen in der SBZ gegen beide Maßnahmen protestiert. An der Bodenreform kritisierten wir die entschädigungslose Enteignung der Rittergutsbesitzer. Die hatten während der Nazizeit zur Bekennenden Kirche gehört und speziell unseren jungen illegalen Hilfspredigern und Vikaren Rückhalt gegeben, indem sie sie in ihren Kirchengemeinden beschäftigten. Wir haben damals in einzelnen Fällen mit unseren Protesten auch Erfolg gehabt. Beispielsweise sollte der ›Bruderhof‹, das Rittergut des Amtsrichters aus Brandenburg, Dr. Lothar Kreisig, enteignet werden. Kreisig hatte während des Dritten Reiches gegen die Euthanasie protestiert und war deswegen amtsenthoben worden. Ihm hat man dann sein Gut gelassen.«

»Gegen das Verbot des Religionsunterrichts in den Schulen haben wir dann ebenfalls protestiert. Wir haben zwar – das hing von den Rektoren und Klassenlehrern ab – zunächst noch in den Eckstunden Unterricht erteilen dürfen, aber nach kurzer Zeit wurde das Fach Religion ganz aus den Schulen verbannt. Bei den Protesten gegen diese Aussperrung kam es dann zu Zusammenstößen mit Kreisleitungen der SED und auch zur Verhaftung von Pfarrern und von überzeugten Christen. Ich besinne mich auf die Verhaftung eines führenden Mannes innerhalb der Ost-CDU, der in Potsdam eine leitende Funktion innerhalb der Provinzialverwaltung hatte. Er und seine Frau wurden wegen ihrer eindeutig christlichen Bekenntnisse innerhalb der damaligen öffentlichen Auseinandersetzung verhaftet. Beide sind seitdem verschwunden. Wir haben, trotz aller Bemühungen, ihre Spur nicht wieder aufdecken können.«

»Der Unterricht wurde dann als Christenlehre am Nachmittag in den Gemeinden gehalten. Doch dann haben wir sehr oft erlebt, daß die FDJ, sobald sie wußte, zu welcher Stunde die Christenlehre stattfand, ihre Versammlungen zur gleichen Zeit ansetzte. Die Kinder sollten so gehindert werden, in die Christenlehre zu gehen.«

Die FDJ wurde im Frühjahr 1946 unter dem Etikett eines überparteilichen Jugendverbandes gegründet, in dem auch Christen ihren Platz finden sollten.

»Wir haben zunächst mit Erich Honecker, der damals der erste Vorsitzende der Freien Deutschen Jugend war, gut verhandeln können. Die Jugendkammer Ost der Evangelischen Kirche in Deutschland hat eine Regelung mit ihm angestrebt, die eine freie Arbeit der Jungen Gemeinde und der Studentengemeinden vorsah. Honecker wollte sich darauf einlassen, aber Walter Ulbricht hat es nicht geduldet, und es ist dann zu der verschärften Kampfsituation zwischen Freier Deutscher Jugend und Junger Gemeinde gekommen. Später, 1951/52, kam es dann zu einer Verfolgungswelle, in der Jugendpfarrer und -diakone dutzendweise verhaftet wurden.«

Die Verhaftung oder Verschleppung unbeugsamer Christen war die schlimmste Sanktion, die Besatzungsmacht und SED zur Verfügung stand. Unterhalb diese Schwelle versuchten sie mit anderen Mitteln Druck auszuüben.

»Es ist der Versuch gemacht worden, die gesamte Verkündigung der Kirche unter Zensur zu stellen. Dagegen haben wir nicht nur leidenschaftlich protestiert, sondern auch einhellig, in allen Gemeinden, bei allen Gottesdiensten, verstoßen, bis man dies zurücknahm. Allerdings wurde dann verfügt, kirchliche Verkündigung dürfe nicht über die Kirchenmauern hinausdringen. Das nahm sogar die groteske Form an, daß Posaunenblasen vom Kirchturm verboten wurde, denn der Schall der Choräle dringe über die Kirche und den Kirchhof hinaus in die säkuläre Gemeinde. Dies sei eine verbotene Mission.«

Es gab aber auch – und das soll der Vollständigkeit halber nicht verschwiegen werden – Pfarrer in der evangelischen Kirche der SBZ, die auf das Regime setzten.

»Es gab eine kleine Gruppe von ›SED-Pfarrern‹, und zwar eigentümlicherweise speziell solche, die in der nationalsozialistischen Zeit engagierte ›Deutsche Christen‹, also evangelische Nationalsozialisten, gewesen waren. Die haben sehr schnell die völlige Wendung vollzogen und wieder die Anpassung an ein anderes Regime gefunden. Aber sie haben nie eine wirkliche Bedeutung innerhalb der Kirche erlangt.«

Die Konflikte zwischen Staat und Kirche führten innerhalb der Kirchenleitung zu Diskussionen.

»Wir erlebten in zunehmendem Maße die Züge eines totalitären Regimes und wurden an das erinnert, was wir gerade im Dritten Reich hinter uns gebracht hatten. Wir haben damals über den Charakter der SED und des kommunistischen Sozialismus in der Ostzone diskutiert. Karl Barth und andere in den Westzonen wiesen darauf hin, daß das totalitäre Regime in der Sowjetunion doch frei sei von Antisemitismus und sich dadurch auch vom Totalitarismus des Dritten Reiches und den grauenvollsten Verbrechen unterscheide. Wir dagegen wiesen darauf hin, daß der Unterschied der Methodik doch ein sehr geringer sei. Die stalinistische Epoche war eine Epoche der Unterdrückung der Menschenrechte in wirklich fundamentaler Form.«

»Probst Grüber, der 1949 der Bevollmächtigte des Rates der Evangelischen Kirche bei der Regierung der DDR wurde, hat damals formuliert: ›Das Unglück für uns kommt von den Emigranten. Diejenigen, die mit uns im KZ waren, haben gute Beziehungen zur evangelischen Kirche behalten. Aber Walter Ulbricht, der das Dritte Reich ohne persönliche Gefährdung in Moskau erlebt hat, der hat uns das Unglück gebracht.‹«

1951, als dem Kirchenbesitz drüben die staatliche Treuhänderschaft drohte, war Kurt Scharf gezwungen, von West- nach Ost-Berlin zu ziehen. Seine Familie bekam keine Zuzugsgenehmigung. Nach dem Mauerbau sperrte die DDR Kurt Scharf aus.

Massendemonstration in Ost-Berlin. Noch steht die Ruine des Stadtschlosses. 1950 läßt die SED das Symbol des verhaßten Preußentums sprengen.

Gegen die D-Mark in West-Berlin. Ost-Berliner marschieren im März 1949 in Reih und Glied, um gegen die Währungspolitik der West-Alliierten zu protestieren.

Es spricht der Berliner SED-Bezirkssekretär Hans Jendretzky, es hören zu der SED-Vorsitzende Wilhelm Pieck und der Ost-Berliner Oberbürgermeister Friedrich Ebert.

Geld ist anfangs nicht so wichtig wie die »Zigarettenwährung«. Die Alliierten drukken Geldnoten für Deutschland (links), aber die alte »Rentenmark« der Deutschen Reichsbank bleibt das wichtigste Zahlungsmittel – neben der »Lucky Strike«.

Nach der Währungsreform im Westen im Juni 1948 wird in der Ostzone die Rentenmark mit kleinen Aufklebern versehen, damit wertlos gewordenes Papier aus dem Westen nicht die Wirtschaft im Osten ruiniert. Schnell wird in der SBZ die »Deutsche Mark der Deutschen Notenbank« ausgegeben (rechte Seite), die Vorläuferin der heutigen »Mark der DDR«.

BANKNOTE
FÜNFZIG
BANKNOTE
EINE DEUTSCHE MARK
MARK
ZWEI DEUTSCHE MARK
MARK
AM 7675772
AE 3491988
BANKNOTE
FÜNF DEUTSCHE MARK
DK 3303422
BANKNOTE
ZWANZIG DEUTSCHE MARK
AB 1361061
BANKNOTE
FÜNFZIG DEUTSCHE MARK
AB 1361061
B3716993
BANKNOTE
HUNDERT
DEUTSCHE MARK
MARK
B3716993

Erste »Familienzusammenführungen«. Im Mai 1947 fährt ein Zug mit Kindern von Dresden-Neustadt in die britische Zone. Die Eltern dieser Kinder, so wurde herausgefunden, leben im Rheinland.

»Abenteuerspielplätze«. Für die Kinder der Nachkriegsjahre sind die Ruinen manchmal der einzige Ort, an dem sie ungestört spielen können. Nicht wenige verunglücken dabei.

Neulehrer.
Weil alle Nazis aus dem Schuldienst entlassen werden, müssen junge Leute an ihre Stelle treten, die in Schnellkursen ausgebildet werden. An der Karl-Liebknecht-Schule in Blankenfelde bei Teltow unterrichten Frau Fäustel (oben) und Herr Fäustel (unten).

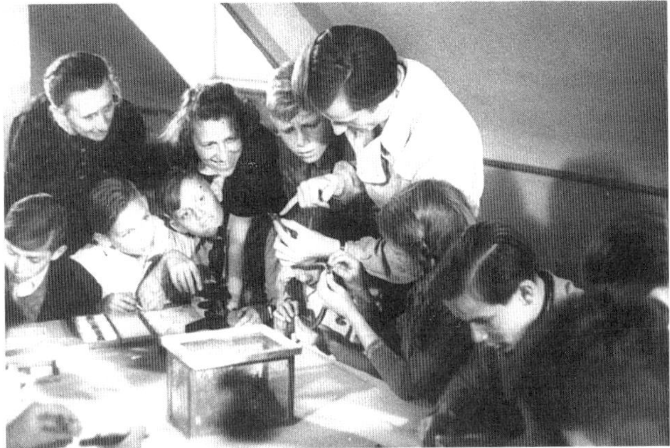

Lernen, lernen und nochmals lernen sollen jetzt bevorzugt auch die Töchter und Söhne von Arbeitern und Bauern. Dazu werden, wie hier in Leipzig, »Arbeiter- und Bauern-Fakultäten« (ABF) gegründet.

Schon 1945 wirbt dieses Plakat in Leipzig um Bewerber für den Beruf des Neulehrers. Der Unterricht in den Schulen der SBZ beginnt am 1. Oktober 1945.

»Das neue Leben muß anders werden ...«

»Das neue Leben muß anders werden
als dieses Leben, als diese Zeit.
Da darf's kein Hungern und kein Elend geben,
packt alle an, dann ist es bald soweit.«

Mit diesen Zeilen beginnt eines der populärsten Lieder der 1946 gegründeten Freien Deutschen Jugend (FDJ). Ihr erster Vorsitzender, Erich Honecker, ist heute Staatsratsvorsitzender und Erster Sekretär des ZK der SED. In der Jugendorganisation der KPD in den zwanziger Jahren groß geworden, bekam er, wie schon erwähnt, von Walter Ulbricht im Mai 1945 die Aufgabe zugewiesen, einen neuen Jugendverband zu gründen.

Diese Organisation sollte vorerst keine kommunistische sein. Die FDJ trat im Frühjahr 1946 als eine »einheitliche, freie antifaschistisch-demokratische Jugendorganisation« auf, in der »junge Menschen verschiedener sozialer Herkunft und weltanschaulicher Überzeugung vereint sind.« Auch Christen beider Konfessionen gehörten zu den Gründungsmitgliedern. Jugendlichen, die sich organisieren wollten, blieb auch kein anderer Verband. Denn mit Befehl vom 31. 7. 1945 hatte die SMAD alle anderen Jugendorganisationen verboten und damit »antifaschistischen Jugendkomitees«, den Vorläufern der FDJ, ein Monopol in der Jugendarbeit übertragen.

Die »Freie Deutsche Jugend« gab sich bei ihrer Gründung ein auffallendes Emblem: die aufgehende Sonne auf blauem Grund. Namen und Emblem hatte man von einer kommunistischen Exilgruppe Jugendlicher übernommen, die sich während des Krieges in London formiert hatte. Das Blau der FDJ wurde zur »Farbe der Jugend« erklärt. Auch im Design sollte das Rot der Kommunisten nicht erscheinen.

Doch schon im »Zentralen Organisationskomitee«, der Wiege der FDJ, waren von 100 Mitgliedern 80 Kommunisten. Dennoch vermied die Führung der »Freien Deutschen Jugend« vorerst alles, was sie in den Verdacht der Nähe zur KPD bzw. zur kurz darauf gegründeten SED gebracht hätte. Das »I. Parlament der FDJ« in Brandenburg a. d. Havel im Juni 1946 proklamierte vielmehr die Grundrechte der jungen Generation: stärkere Berücksichtigung im politischen Leben, Herabsetzung des Wahlalters auf 18 Jahre, Verbesserung des Arbeitsschutzes, gleicher Lohn für gleiche Arbeit, Recht auf Bildung für alle.

Doch die neuen Mitglieder der FDJ ließen auf sich warten. Während heute für Jugendliche in der DDR zumindest die Pro-forma-Mitgliedschaft in der FDJ obligatorisch ist, verlief der freiwillige Zulauf in der Gründungsphase eher schleppend. 1947 waren erst 400000, also 16 Prozent der Jugendlichen, unter dem Symbol der aufgehenden Sonne versammelt. Aber die FDJ verstand es geschickt, auf sich aufmerksam zu machen. So organisierte sie Sommerlager, in die sie Mädchen und Jungen einlud. Da gab es ein reichhaltiges Freizeitangebot und – was zu dieser Zeit noch viel wichtiger war – reichlich zu essen.

Dieter Borkowski hat 1947 als Achtzehnjähriger an einem solchen Lager teilgenommen. In seinem Buch »Für jeden kommt der

Tag ...« beschreibt Borkowski, wie er zur FDJ fand und Erich Honecker erlebte:

»... die Zeit der Befehle und des Strammstehens (ist) endgültig vorbei. Wir dürfen unseren Tagesablauf selbst bestimmen, haben einen ›Bürgermeister‹ gewählt, es heißt, die Vollversammlung der Ferienlagerteilnehmer soll alles demokratisch entscheiden.

Gestern abend ... kam ich mit einem Menschen ins Gespräch, den ich so bald nicht vergessen werde ... Er heißt Erich. In der Hitlerzeit saß er fast zehn Jahre in einem Zuchthaus, weil er Antifaschist war und gegen die Kriegsvorbereitungen des Dritten Reiches unter der Jugend gewirkt hatte ... Dann sprach Erich zu uns, ein Jugendführer, der nicht kommandierte wie die schneidigen Hitlerjugendführer noch vor zwei Jahren. Was er sagte, schien mir Hand und Fuß zu haben. Niemals dürfe wieder Kadavergehorsam und Knechtsgesinnung die Jugend daran hindern, sich eigene Gedanken zu machen. Wir sollten alles kritisch überprüfen, was man uns in der Vergangenheit gelehrt hatte ... ›Niemals dürfen junge Menschen wieder blind gehorchen, Demokratie heißt denken, sich informieren, sich entscheiden!‹ ...

Auch ich hatte nach dem Krieg, seit meiner Kriegsgefangenschaft gemeint, daß ich niemals wieder einer politischen Idee oder Gemeinschaft folgen könnte. Aber war es überhaupt möglich, sich vom politischen Geschehen auszuschließen, besonders wenn Menschen wie Erich Honecker das Erbe ermordeter Widerstandskämpfer, wie der Geschwister Scholl, aus der Kerkerzelle weitertrugen, um ein gutes und demokratisches Deutschland zu errichten ...?«

Bald nachdem Borkowski sich derart für die Ideen der FDJ begeistert hatte, läutete Erich Honecker die Wende ein. Bezeichnend war der Beschluß, das »Blauhemd« als Uniform des Verbandes einzuführen. Die Erinnerung an das »Braunhemd« der Hitlerjugend schreckte die FDJ-Führung schon wenige Jahre nach Kriegsende nicht mehr.

Die FDJ suchte den Schulterschluß mit der Besatzungsmacht. 1947 startete die FDJ-Spitze, auf Einladung des sowjetischen Jugendverbandes »Komsomol«, zum »Friedensflug nach Osten« in die Sowjetunion. Zum Abschluß der Reise erarbeiteten beide Organisationen einen langfristigen Plan für ihre künftige Zusammenarbeit. Die FDJ eiferte ihrem sowjetischen Vorbild immer offener nach. So entstanden 1948 die »Jungen Pioniere«, die Kinderorganisation der FDJ. Margot Feist, die spätere Frau Honeckers, leitete diesen Verband.

Im Juni 1949 änderte die FDJ ihre Statuten. Geheime Wahlen wurden abgeschafft und die politischen Ziele der SED übernommen. Der Schein der Überparteilichkeit war vorbei. Noch vor Gründung des Staates DDR gab es eine Staatsjugend.

Zeitzeuge:

Heinz Westphal
Keine neue Staatsjugend!

»Wir haben einfach angefangen, als junge Menschen, die das Glück hatten, am Ende des Krieges heil zu Hause zu sein.« So beschreibt der spätere Bundesminister und Bundestagsvizepräsident Heinz Westphal den Beginn der politischen Jugendarbeit in Berlin 1945. Er selbst war damals 21 Jahre alt, stammte aus einer sozialdemokratischen Berliner Familie, hatte den Vater in der Folge einer KZ-Haft verloren, war als Luftwaffensoldat verwundet worden und hatte sich bei Kriegsende aus einem Lazarett in der Lüneburger Heide nach Berlin durchgeschlagen.

»Wir fanden uns zusammen in Wohnungen, die übriggeblieben waren. Wir waren Kinder sozialdemokratischer Elternhäuser. Es gab ja einen Befehl des sowjetischen Marschalls Schukow, für die Sowjetische Besatzungszone und für Berlin geltend, daß antifaschistische Jugendausschüsse eingerichtet werden sollten. Darüber kam es zu Gesprächen und Diskussionen, natürlich auch zwischen Sozialdemokraten und Kommunisten. Wir Jüngeren hatten damals die Hoffnung, daß diejenigen, die aus den KZs zurückkamen, die Einheit der Arbeiterklasse zustande bringen würden. Wir waren für die Zusammenführung von SPD und KPD.«

»Aber in den ersten Monaten nach Kriegsende erlebte ich immer wieder nur Negatives, das diese Bestrebung belastete. Ich erinnere mich, daß ich im Dezember 1945 im damaligen SPD-Parteihaus in der Behrenstraße 39 in Ost-Berlin, wo Grotewohl saß, Paul Löbe und Louise Schroeder begegnete. Paul Löbe, Reichtagspräsident bis 1932, erklärte mir, er und Louise Schroeder würden dieses Haus verlassen. Sie haben es auch bald darauf getan. Diese Begegnung war für mich das Signal: Wenn die beiden meinen, es wird nichts mit der Vereinigung der Arbeiterparteien, dann werden sie es wohl besser wissen als ich mit meinen 21 Jahren.«

Kurz darauf, Anfang 1946, war im selben Haus das Gespräch über die Gründung einer »Freien Deutschen Jugend«. Für die Kommunisten verhandelte Erich Honecker, für die Sozialdemokraten Edith Baumann, mit der Honecker danach kurze Zeit verheiratet war. Auch Heinz Westphal sollte für die SPD an diesen Gesprächen teilnehmen.

»Der Sekretär von Grotewohl sagte mir: Heinz, du mußt da rein als unser Sekretär. Aber das Erlebnis mit Paul Löbe hat mich entscheidend veranlaßt, aus diesen Gesprächen herauszugehen. Als einziger! Ich spürte sehr bald, daß dies eine kommunistisch dominierte Organisation werden sollte. Die evangelische Seite und die katholische Seite zogen aus ihrer Lage in der Zone den Schluß, mitzumachen, als Beauftragte ihrer Kirche in der FDJ dabeizusein. Ich kenne die handelnden Personen, Pfarrer Hanisch und Domvikar Lange, ehrliche Leute, kein Zweifel. Sie haben mitgetan, aber wir nicht.«

»Uns war klar, das wird eine Sache unter kommunistischer Führung, ganz einseitig, mit diktatorischen Mitteln, mit der Tendenz auf eine Einheitsjugend, ja, auf eine neue Staatsjugend. Ich habe das nicht mitgemacht. Ich gehörte auch von der ersten Minute an zu denen, die sich in Richtung einer Urabstimmung entschieden, um die Sozialdemokratie als selbständige Partei zu erhalten. Ich war dabei, als Kurt Schumacher das erste Mal in Berlin war, um mit den sozialdemokratischen Funktionären darüber zu sprechen.«

Von 1946 bis 1947 war Heinz Westphal hauptamtlicher Jugendsekretär der Berliner SPD, ab 1948 Vorsitzender der Sozialistischen Jugend in Berlin. Alle Jugendorganisationen in Berlin existierten zunächst in einem merkwürdigen Bereich halber Illegalität.

»Die Alliierten konnten sich nicht darüber einigen, wer nun darf und wer nicht. Erst Ende 1947 fanden sie einen Kompromiß. Zugelassen wurden zunächst die sozialdemokratischen Falken, die FDJ, ein Demokratischer Jugendverband und ein Bund Deutscher Jugend, eine pfadfinderähnliche Gruppierung. Zu diesem Zeitpunkt existierten wir alle schon längst, hatten bloß nicht diese offizielle Zulassung in Händen. Wir vier waren uns einig, in dem Moment, in dem wir die Lizenz bekämen, einen Berliner Jugendring zu bilden. Sogar die FDJ war dafür. Für die FDJ war das freilich die Konsequenz aus der Erkenntnis, daß sie es nicht schaffte, in Berlin allein zugelassen zu werden. Das war ja die sowjetische Position gewesen, der die anderen Alliierten gegenüberstanden.«

»Wir haben anfangs zusammengearbeitet, im Wissen darum, wie unterschiedlich wir waren. Ich erinnere mich, mit Wolfgang Leonhard quer durch Berlin gezogen zu sein und bei Veranstaltungen werbend jeweils für unsere unterschiedlichen Verbände zur Jugend geredet zu haben, er für die FDJ, ich für die Sozialistische Jugend. Zusammenarbeit ging, wo sie Inhalte hatte: Jugendarbeitsschutz, berufliche Bildung, Schulorganisation. Auch Jugendamnestie, damit die jungen Menschen nicht belastet waren mit der Vergangenheit, in die sie durch die Hitlerjugend gezwungen worden waren. Damit sie frei waren für einen Neuanfang.«

1947 gab es noch einen letzten Versuch, einen gesamtdeutschen Jugendring ins Leben zu rufen. Heinz Westphal nahm an den Gesprächen teil.

»Das war im November 1947 in Altenberg bei Köln. Honecker war dabei, auch Edith Baumann. Honecker war zuvor in Prag gewesen, beim Weltbund der Demokratischen Jugend, und hatte geglaubt, seine FDJ würde dort anerkannt als die Repräsentanz der ganzen deutschen Jugend. Aber es gelang ihm nicht. Das brachte ihn dazu, eine Initiative einzuleiten in Richtung auf einen gesamtdeutschen Jugendring. Er wollte mit den existierenden westdeutschen Jugendverbänden, also insbesondere der Sozialistischen Jugend, den Falken, der Evangelischen und Katholischen Jugend, ins Gespräch über eine solche Gründung kommen.«

»Wir waren alle interessiert an so einer Zusammenarbeit über die Zonengrenzen hinweg. Aber frei in ganz Deutschland! Freie Entwicklung für jeden dieser demokratischen Verbände in ganz Deutschland, auch in der

Sowjetischen Besatzungszone. Wir konnten nicht das Argument akzeptieren, in der Sowjetischen Zone sei das schon dadurch geregelt worden, daß es die FDJ gebe. Daran scheiterten die Gespräche in Altenberg.«

»Interessant ist, daß Honecker dieses Scheitern wohl schon im Kalkül hatte. Er hatte eine fertig formulierte Entschließung dabei, die die Jugendverbände aus Ost und West gemeinsam an die Londoner Außenministerkonferenz richten sollten, um darin ihren Willen zur deutschen Einheit zum Ausdruck zu bringen. Wenn man den Text heute liest, staunt man darüber, welche Aussagen zur Einheit Deutschlands dieser Mann damals gemacht hat. Inhaltlich war das natürlich auch unsere Position. Aber zu diesem Zeitpunkt gemeinsam mit einer neu entstandenen Staatsjugendorganisation zu unterschreiben, die keine andere neben sich dulden wollte, das haben wir nicht mitgemacht. Wir haben statt dessen allein an die Außenminister geschrieben.«

Die lose Zusammenarbeit in Berlin endete im September 1948 nach den Vorfällen am Berliner Stadthaus, dem Tagungsort der frei gewählten Stadtverordnetenversammlung, die nach dieser inszenierten Demonstration umzog nach West-Berlin. Es war die Zeit, da schon alles in die Spaltung trieb. Die Währungsreform im Westen hatte die Blockade Berlins durch die Sowjets nach sich gezogen.

»Bei diesen Vorfällen am Stadthaus hat Heinz Keßler als Berliner FDJ-Vorsitzender keine gute Rolle gespielt. Er hat Leute zusammengetrommelt und mit Lastwagen dorthin gefahren, es gab Schlägereien, das hatte mit Demokratie nicht viel zu tun. Wir schlossen daraufhin die FDJ aus dem Jugendring in Berlin aus. Ich erinnere mich, wie unser Satzungsspezialist in die Satzung guckte und suchte: Wie schließt man denn jemanden aus? Er fand keine entsprechende Stelle. Da fiel mir ein, daß Lassalle gesagt hatte: Verfassungsfragen sind Machtfragen. Raus hier!«

»Interessanterweise ist die FDJ tatsächlich gegangen, hat uns natürlich nachher den Spaltungsvorwurf gemacht. Eine Zeitlang konnten wir trotzdem noch Jugendarbeit in Ost-Berlin machen, auch mein Verband, die Sozialistische Jugend. Aber es war bald nicht mehr haltbar, vor allem den Eltern gegenüber nicht mehr zu verantworten, die ihre Kinder in eine Falkengruppe schickten. So endete das.«

»Zum Glück ist das alles Vergangenheit«, sagt Heinz Westphal. »Es ist gut, daß wir heute mit Leuten wie Honecker und Keßler reden können. Das müssen wir auch, denn wir müssen gemeinsam verhindern, daß es noch einmal einen Krieg in Europa gibt.«

Zeitzeuge: Hermann Weber
Die Partei hat immer recht?

Professor Dr. Hermann Weber, Jahrgang 1928, ist einer der renommiertesten DDR-Experten in der Bundesrepublik. Nach dem Krieg trat der Mannheimer Arbeitersohn der KPD bei und war bis zu seinem Ausschluß 1954 Parteifunktionär. In diesen Jahren reiste er immer wieder zur Schulung in die SBZ bzw. DDR. Im Frühjahr 1989 besuchte er erstmals wieder den anderen deutschen Staat. In seinem Visumantrag gab er als letzte DDR-Adresse an: Klein-Machnow, SED-Parteihochschule »Karl Marx«.

»Knapp vier Wochen lang habe ich damals tatsächlich in der DDR gelebt. Kurz bevor mein Zwei-Jahres-Kurs an der Parteihochschule zu Ende ging, wurde der ›Arbeiter- und Bauernstaat‹ gegründet. Es war der erste Zwei-Jahres-Kurs, der an dieser neuen SED-Schule 1947 begann. Wir waren 80 Teilnehmer, sechs von uns hatte die KPD aus den Westzonen zum Lehrgang geschickt. Wir sechs mußten uns unter Tarnnamen an der Schule einschreiben. Wohl damit im Westen niemand erfuhr, daß wir von der SED ausgebildet wurden.«

»Mit gerade achtzehn Jahren war ich der zweitjüngste. Die ältesten Mitschüler waren schon über 40. Wir hatten Leute dabei, die hatten zehn, teilweise zwölf Jahre für ihre Überzeugung in Hitlers Zuchthäusern gesessen. Wir alle sollten eine gründliche Ausbildung erhalten, um als Nachwuchsfunktionäre später einmal leitende Aufgaben in der Partei zu übernehmen. Und einige haben dann auch in der SED Karriere gemacht, wurden sogar Mitglieder des Zentralkomitees. Von den meisten anderen habe ich aber nichts mehr gehört.«

Die Parteihochschule gibt es noch heute. Sie ist inzwischen, mit Promotions- und Habilitationsrecht, den Universitäten und Hochschulen der DDR gleichgestellt.

»Zu meiner Zeit war die Parteihochschule ja noch in ihren Anfängen. Wir lebten wie in einem Internat, jeweils drei Studenten teilten sich ein Zimmer. Die Verpflegung war übrigens hervorragend. Von unseren Mahlzeiten konnte der damalige ›Otto Normalverbraucher‹ nur träumen. Die Führung der Schule teilten sich, so kurz nach Gründung der SED, noch ein ehemaliger Sozialdemokrat und ein früherer Kommunist. Aber die Dekane der einzelnen Fakultäten waren schon zu dieser Zeit aus der einstigen KPD.«

»Das erste Halbjahr gehörte einem Studium generale in allen Fachbereichen, danach mußten wir uns entscheiden, ob wir im Schwerpunkt Philosophie, Geschichte, Politische Ökonomie oder Grundfragen des Marxismus studieren wollten. Wir hatten Seminare mit den Lehrern unserer Schule, dann kamen aber auch führende SED-Politiker und hielten Vorlesungen: Anton Ackermann und Fred Oelßner waren die Hauptreferenten. Aber auch Walter Ulbricht, die beiden Parteivorsitzenden Wilhelm Pieck und Otto Grotewohl und Oberst Tulpanow von der SMAD kamen regelmäßig. Doch was sie uns zu aktuellen Problemen mitzuteilen hatten, überstieg meist nicht die Phrasen, die wir auch im *Neuen Deutschland* lesen konnten. Hintergrundinformationen gab es für uns nicht. Nur Tulpanow plauderte manchmal etwas aus dem Nähkästchen. Die führenden SED-Genossen trauten sich wohl nicht.«

»Nach jedem Halbjahr gab es Praxis-Phasen in Betrieben. Da sollten wir dann unsere theoretischen Kenntnisse in der Praxis erproben. Und dann natürlich – nach sowjetischem Muster – die Aufbau-Sonntage, die sogenannten Sobotniks. Da ging es dann oft nach Berlin zum Enttrümmern. An ein Grundstück erinnere ich mich noch: Ecke Friedrichstraße/ Unter den Linden. Da haben wir gearbeitet, und die Passanten sollten sehen, wie die SED beim Aufbau der Zukunft mit Hand anlegte. Damals habe ich ja noch an das System geglaubt.«

Professor Webers Studienjahre in Klein-Machnow fielen in eine nicht nur deutschlandpolitisch, sondern auch für die Geschichte der kommunistischen Bewegung entscheidende Zeit: Die Konflikte zwischen Ost und West verschärften sich, und gleichzeitig traten erste Erosionserscheinungen im östlichen Lager auf. 1948 sagte sich Tito vom Moskauer Führungsanspruch los. Doch die SED ging den entgegengesetzten Weg. Sie änderte ihren bisherigen Kurs, erklärte sich zur »Partei neuen Typus« und paßte sich in Struktur und Ideologie der KPdSU an.

»Bis 1948 herrschte in Klein-Machnow noch ein durchaus liberales Klima«, erinnert sich Hermann Weber. »Die Diskussionen waren weitgehend offen, eigenes Denken war erlaubt. Doch dann änderte sich die Atmosphäre. Furcht ging um unter Schülern und Lehrern. Ich erlebte einen bewährten Kommunisten, der vor Ulbricht zitterte, weil er vermeintlich unterlassen hatte, einen Parteibeschluß zu lehren. Der ›kurze Lehrgang‹ der KPdSU wurde zur Pflichtlektüre erklärt, obwohl er, wie ich schon wußte, die Geschichte der Partei verfälschte. Die Bücher prominenter Kommunisten, die unter Stalin in Ungnade gefallen waren, verschwanden aus der Bibliothek. Wer ihre Lektüre forderte, sich mit ihren Gedanken auseinandersetzen wollte, mußte Selbstkritik üben. Kritik und Selbstkritik waren zum ›Hauptfach‹ geworden.«

»Besonders nach der Flucht von Wolfgang Leonhard, einem unserer Lehrer, der damals Titos Ideen nahestand und nun ›als Tito-Agent entlarvt‹ wurde, verschärfte sich die Lage. Die Suche nach ›Agenten‹ wurde zur Manie, und jeder überlegte, welche abweichende Meinung er in der Vergangenheit vielleicht einmal geäußert hatte, die ihm jetzt zum Verhängnis werden könnte. Die Zeit für Denunzianten war gekommen. Die Doppelzüngigkeit gehörte zum Alltag. Schnell war man ›Parteifeind‹, und einige Lehrer und Schüler sollten später auch für lange Jahre in den Zuchthäusern der DDR verschwinden. Der Stalinismus, die Deformation meiner Ideale, hatte die SED endgültig erreicht.«

Die SED-Troika

Pieck, Grotewohl, Ulbricht – diese drei Namen wurden in der SBZ, wenn man von Stalin absieht, am meisten in den Vordergrund gestellt. In dieser Reihenfolge.

Hätte es damals demoskopische Repräsentativumfragen gegeben, wie sie heute in der Bundesrepublik üblich sind – in der DDR immer noch nicht –, hätten sie vermutlich ergeben: Auch im Ansehen der Bevölkerung stand Pieck vor Grotewohl und Ulbricht, alle drei jedoch auf niedrigem Niveau. Anders ausgedrückt: Um in der SBZ höher geschätzt zu werden als Ulbricht, genügte das bescheidene Ansehen von Grotewohl oder Pieck.

Wilhelm Pieck kehrte einige Wochen nach Kriegsende, im Juni 1945, aus Moskau nach Berlin zurück. Er war zu dieser Zeit 69 Jahre alt und hatte eine lange und erfolgreiche politische Laufbahn hinter sich. Als Arbeitersohn 1876 in Guben an der Neiße geboren, hatte er das Tischlerhandwerk erlernt und war in den neunziger Jahren auf Wanderschaft gegangen. In Bremen war er seßhaft geworden, hatte die Tochter eines Zigarrenmachers geheiratet und mit ihr zwei Töchter und einen Sohn bekommen. 1906 war er als SPD-Abgeordneter in die Bremische Bürgerschaft gewählt worden. Gegen den Ersten Weltkrieg hatte er sich gesträubt, bis hin zur Verweigerung. Im Herbst 1918 gehörte er zu den Gründern und ersten ZK-Mitgliedern der KPD. Am 15. Januar 1919 wurde er mit Rosa Luxemburg und Karl Liebknecht festgenommen; die beiden wurden ermordet, Pieck freigelassen, woran sich Spekulationen knüpften. Dennoch machte Pieck Karriere in der KPD und der Kommunistischen Internationale. Ab 1928 saß er im Reichstag bis zu Hitlers Machtergreifung.

In der Moskauer Emigration wurde Wilhelm Pieck 1935 zum Vorsitzenden der KPD bestimmt. Sein Vorgänger Ernst Thälmann saß indes im KZ. Man hat sich später oft gefragt, warum Pieck (und Ulbricht) während des unappetitlichen Hitler-Stalin-Pakts nichts für die Freilassung Thälmanns unternahmen, der dann 1943 in Buchenwald ermordet wurde. Vielleicht muß man ihnen zugute halten, daß es sehr viel Kraft und Geschicklichkeit erforderte, die Stalinschen Säuberungen und die Machtkämpfe in der Exil-KPD zu überleben.

Immerhin: Als Wilhelm Pieck 1945 zurückkehrte, hatte er eine Laufbahn als Klassenkämpfer und Antifaschist vorzuweisen. Wenn er dennoch in der Bevölkerung der SBZ allenfalls einen begrenzten Respekt genoß, aber nicht beliebt war, so deshalb, weil er als einer der obersten Statthalter Moskaus angesehen wurde.

Dennoch war es natürlich geschickt, ihn und nicht Ulbricht in die erste Reihe zu schieben. Wilhelm Pieck, der beleibte, joviale Kleinbürger mit dem Hang zu spießiger Repräsentation, zu gutem Essen und Trinken und zu dicken Zigarren, war allemal eher eine Identifikationsfigur als der sächselnd-eifernde Ulbricht. Eine wirkliche Macht hat Pieck indes nicht ausgeübt. Stalin wird die Bemerkung aus der Nachkriegszeit unterstellt, Pieck tauge zu nichts mehr, als den Leuten freundschaftlich auf die Schulter zu klopfen.

Als Pieck mit 73 Jahren Präsident der DDR wurde und in sein herrschaftliches Schloß Niederschönhausen einzog, glaubten politisch Naive, nun habe Pieck Einfluß gewonnen. Die anderen wußten, was bei seinem Tode 1960 der *Spiegel* respektlos formulierte: daß die SED Wilhelm Pieck seit 1949 in Niederschönhausen »aufbewahrte«.

Otto Grotewohl hatte die Nazi-Zeit in Deutschland überlebt, mehr schlecht als recht. Er hatte nach 1933 ein Lebensmittelgeschäft betrieben und als Angestellter seines Freundes Erich W. Gniffke Braunkohleherde vertrieben, war wegen politischer Aktivitäten verhaftet und verurteilt worden.

Grotewohl stammte aus Braunschweig, war dort 1894 als Sohn eines Schneidermeisters geboren und hatte den Beruf eines Buchdruckers erlernt. Mit 18 Jahren war er in die SPD eingetreten, mit 26 Landtagsabgeordneter in Braunschweig geworden, mit 27 Minister des Landes Braunschweig, mit 31 Reichstagsabgeordneter sowie Präsident der Landesversicherungsanstalt Braunschweig. Es wurde also 1933 eine steile sozialdemokratische Karriere unterbrochen.

1945 stieg Grotewohl in Berlin sogleich wieder in die Politik ein. Die neugegründete SPD wählte ihn zum Vorsitzenden ihres Zentralausschusses für die Sowjetzone und Berlin. Bald darauf begann sein Verhängnis. Otto Grotewohl gehörte zweifelsfrei zu denjenigen SPD-Funktionären, die aus den Erfahrungen der Weimarer Republik den Schluß gezogen hatten, Sozialdemokraten und Kommunisten könnten nur in einer vereinigten Arbeiterpartei den Nationalsozialismus überwinden und eine neue Ordnung schaffen. Anfangs drängte er viel entschiedener auf diese »Einheitspartei« als die KPD-Führer Pieck und Ulbricht, die öffentlich eine parlamentarische Mehrparteien-Demokratie propagierten und nur von »Zusammenarbeit« mit der SPD sprachen.

Im Herbst 1945 jedoch, als sich in der SBZ abzeichnete, daß die Sozialdemokraten stärker würden als die Kommunisten, schalteten KPD und SMAD blitzschnell auf »Einheitspartei« um. Es mag Grotewohls entscheidender Fehler gewesen sein zu glauben, die Sozialdemokraten könnten diese Überlegenheit auch im Rahmen der Einheitspartei ausspielen. Obendrein darf als gesichert angesehen werden, daß er von der sowjetischen Besatzungsmacht massiv gedrängt wurde, sich für die Vereinigung zur Verfügung zu stellen.

Otto Grotewohl wurde Mit-Vorsitzender der SED, formell gleichberechtigt mit Wilhelm Pieck – aber beide wurden hinter den Kulissen von Ulbricht gelenkt. 1949 durfte Grotewohl sogar Ministerpräsident der DDR werden, ohne daß damit sein Einfluß gewachsen wäre.

Als er 1964 nach langem Siechtum an Leukämie starb, schrieb das *Neue Deutschland:* »Entschlossen ging er den Weg der Einheit« – was allenfalls die halbe Wahrheit war – und: »Tiefe Trauer ergriff das Land« – was jedenfalls die Unwahrheit war. Grotewohl galt den meisten, und nicht nur den Sozialdemokraten, als Verräter der Sozialdemokratie, wenn ihn auch manche für einen Verräter wider Willen hielten.

Walter Ulbricht war nicht zufällig der erste KPD-Führer, der unmittelbar bei Kriegsende aus dem Moskauer Exil zurückkehrte. Er war von Stalin auserkoren, beim Neubeginn der erste Mann zu sein.

Ulbricht war damals 51 Jahre alt, geboren 1893 in Leipzig. Er stammte aus eher kleinbürgerlichen als proletarischen, jedenfalls aus ärmlichen Verhältnissen, wurde nach der Volksschule Möbeltischler. 1912 ging er in die SPD. Nach dem Kriegsdienst im Ersten Weltkrieg trat er 1919 der KPD bei und wurde für den Rest seines Lebens Parteifunktionär. Dafür brachte er nach dem Zeugnis von Mitkämpfern und Gegnern mit: überragendes organisatorisches Talent (»Genosse Zelle«), phänomenales Gedächtnis, Fleiß bis zur Besessenheit, eine feine Nase für sich anbahnende Veränderungen der Parteilinie, Skrupellosigkeit bei der Ausschaltung von »störenden Elementen«, taktisches Geschick und ausgeprägtes Machtbewußtsein.

Von den vielen berühmt gewordenen Zitaten über Ulbricht scheint das folgende besonders zu treffen: »Ich kann mich nicht mit einem Mann an einen Tisch setzen, der plötzlich behauptet, der Tisch, an dem wir sitzen, sei kein Tisch, sondern ein Ententeich, und der mich zwingen will, dem zuzustimmen.« Der Satz stammt von dem Schriftsteller Heinrich Mann.

Was Ulbricht offensichtlich abging: Interesse für theoretische Fragen, musische Neigungen, Kontaktfreude, menschliche Wärme. Man nannte ihn einen »Mann ohne Leidenschaften« und meinte das, je nach eigenem Temperament, bewundernd oder verächtlich. Auch rednerisches Talent fehlte ihm, wobei sein unausrottbares Sächsisch und seine nervtötende Fistelstimme erschwerend hinzukamen. Ein nicht eben anziehendes Äußeres mit dem von Lenin abgeguckten Spitzbart taten ein übriges. Über Ulbricht ist viel gesagt und geschrieben worden, kaum jemand hat ihn aber eine sympathische Erscheinung genannt.

Seine Karriere in der Weimarer Republik war beachtlich. Er war ab 1923 im ZK der KPD, bald auch Vertreter der KPD im Exekutivkomitee der Kommunistischen Internationale, 1926 Landtagsabgeordneter in Sachsen, 1928 Reichstagsabgeordneter, 1929 Leiter der KPD-Bezirksleitung Berlin-Brandenburg (und damit quasi Gegenspieler des NSDAP-Gauleiters Goebbels). 1933 wurde Ulbricht wegen Hochverrats zu Festungshaft verurteilt, emigrierte nach Frankreich, pendelte eine Zeitlang zwischen Paris und Moskau, ging 1938 endgültig in die Sowjetunion. Im Schatten Stalins wurde er der eigentliche starke Mann der KPD, vollzog alle Schwenks mit, auch den heiklen des Hitler-Stalin-Pakts.

Nach dem deutschen Überfall auf die UdSSR wurde Ulbricht als Propagandist an die Front geschickt, mit Mikrofon und Lautsprecher im Schützengraben. In Stalins Auftrag organisierte er ab 1943 das »Nationalkomitee Freies Deutschland«, eine Gruppe gefangener, teilweise auch übergelaufener deutscher Soldaten und Offiziere, die am Neuaufbau eines demokratischen Deutschland mitarbeiten wollten und auch sollten, aber nach Kriegsende keine wesentliche Rolle spielten.

Als Ulbricht am 30. April 1945 mit seiner Gruppe von Moskau aus nach Deutschland startete, brachte er die Vorstellung eines einheitlichen sozialistischen deutschen Staates nach Hitler mit. Dafür wirkte er von der ersten Minute an mit der ihm eigenen kalten Besessenheit, ohne Rücksicht auf Gefühle und Vorstellungen anderer. Er hielt sich öffentlich eher hinter dem Rücken von Pieck und, später, Pieck und Grotewohl auf, aber jeder wußte, wer der wirkliche Chef der SED war.

Chef allerdings von Moskaus Gnaden. Und das war es, was ihm der größte Teil der Bevölkerung verübelte: Mehr als Pieck und viel mehr als Grotewohl galt Ulbricht als der verlängerte Arm der KPdSU. Der »Spitzbart« war bei den Nichtkommunisten der SBZ, also bei der Mehrheit der Bevölkerung, in einem Maße verhaßt, das nur aus den Umständen der Zeit heraus verständlich ist.

Mehr als ein Vierteljahrhundert sollte Ulbricht der »starke Mann« der SBZ und DDR bleiben, auch über manche Krise hinweg. 1971 wurde er von seinem Zögling Erich Honecker kalt entmachtet und zwei Jahre lang gedemütigt, bis er 1973 im Alter von 80 Jahren starb.

Das sozialistische Gesamtdeutschland hat Walter Ulbricht nicht erreicht, aber er hat einen Staat begründen und festigen helfen, der länger lebt, als ihm bei seiner Geburt prophezeit wurde. Von der Wirkung seines Tuns her betrachtet, ist daher Ulbricht nächst Adenauer der wichtigste deutsche Politiker nach dem Zweiten Weltkrieg.

Pieck, Grotewohl, Ulbricht – drei von Herkommen und Temperament höchst unterschiedliche Männer. Drei Männer, die vor dem Ersten Weltkrieg in der SPD anfingen, die in der Weimarer Republik zugleich, aber für verschiedene Parteien, im Reichstag saßen und deren Wege 1946 in die SED mündeten.

Gründungsbeschluß

Die am 26. Februar 1946 im Sitzungssaal des Magistrats der Stadt Berlin, Parochialstraße, anwesenden Mitglieder des Zentralen Jugendausschusses für die sowjetische Besatzungszone Deutschlands bekunden hiermit einmütig ihren Willen, sich zwecks Gründung einer überparteilichen, einigen, demokratischen Jugendorganisation

"Freie Deutsche Jugend"

an die sowjetische Militärverwaltung in Deutschland zu wenden.

Die Grundlagen hierzu bilden die von allen Unterzeichneten angenommenen und der Urkunde beigefügten Ziele und Satzungen der Freien Deutschen Jugend.

Berlin, den 26. 2. 1946

»Freie Deutsche Jugend«. Mit dieser Urkunde vom 26. Februar 1946 wird der – zunächst überparteiliche – Jugendverband gegründet. Als erster unterschreibt Erich Honecker, 33 Jahre alt. Darunter Edith Baumann, die aus der SPD kommt und Honeckers erste Ehefrau wird. Als letzter unterschreibt Heinz Keßler, der spätere Verteidigungsminister der DDR.

Der Vorsitzende des Zentralrats der FDJ, Erich Honecker, auf einer Pressekonferenz nach Rückkehr aus der Sowjetunion im August 1947 (S. 123). Nach diesem »Friedensflug nach Osten« wird immer deutlicher, daß die FDJ eine kommunistische Jugendorganisation nach dem Vorbild des sowjetischen »Komsomol« sein soll.

I. Parlament der FDJ im Juni 1946 in Brandenburg an der Havel. Hier propagiert die FDJ die »Grundrechte der Jugend«: Wahlrecht mit 18 Jahren, gleicher Lohn für gleiche Arbeit, Recht auf Bildung für alle.

Freie
FDJ

FDJ

Ferienlager der FDJ 1947.
In Prieros in der Mark Brandenburg, wo früher eine Schulungsstätte der Hitlerjugend war, erleben Jugendliche Ungewohntes: demokratisch organisiertes Zusammenleben, unbeschwerte Freizeit – und reichliche Mahlzeiten.

Enttrümmerungsaktion.
Die FDJ schickt ihre Mitglieder, um ein Beispiel zu geben, immer wieder auch an die »Front« des Wiederaufbaus. Hier im Februar 1948 auf den Berliner Gendarmenmarkt, der in den achtziger Jahren endgültig rekonstruiert werden sollte.

Das Ferienheim der Berliner FDJ in Biesenthal hat »hohen Besuch«: den Schriftsteller Heinz Rein (unten Mitte), Autor des Romans »Finale Berlin«, eines Bestsellers der Jahre 1948/49.

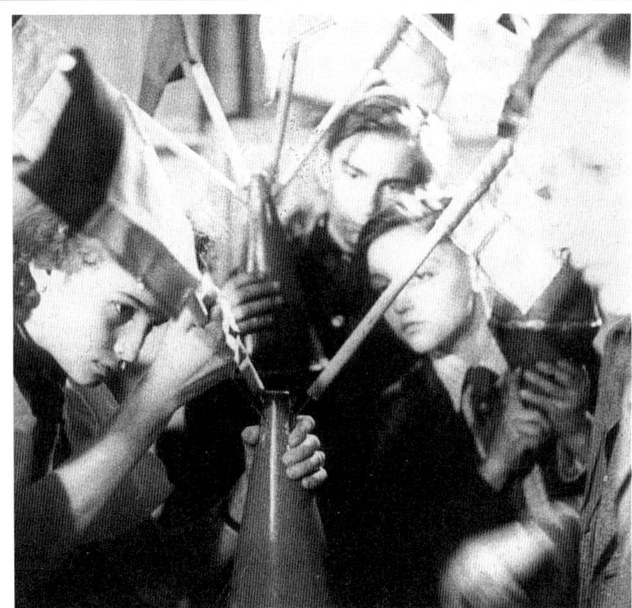

Kinder machen Propaganda. Im Wahlkampf für den »III. Deutschen Volkskongreß« basteln »Junge Pioniere« in Dresden Bojen mit Propagandamaterial und schicken sie mit der Elbe in Richtung Hamburg. Kinder werden schon sehr früh mit Politik befaßt.

III. Parlament der FDJ im Mai 1949 in Leipzig. Die Großveranstaltung mit Tausenden von Teilnehmern im Bruno-Plache-Stadion erinnert äußerlich an ähnliche Auftriebe ein paar Jahre früher. Die »Ziegelsteinschwinger« demonstrieren Aufbauwillen.

Bei jeder Gelegenheit werden die gläubigen jungen Leute von der FDJ zum Demonstrieren auf die Straße geschickt. Hier auf den Potsdamer Platz in Berlin für die Wahl des III. Deutschen Volkskongresses.

»Max braucht/hat Wasser«. Der Bau der Wasserleitung für die Maxhütte in Unterwellenborn ist eine der ersten spektakulären Aktionen der FDJ. Studenten der Universitäten Jena und Leipzig leisten »freiwillige« Arbeitseinsätze.

Die erste Fahne der SED.
Im April 1946 werden KPD und SPD zur »Sozialistischen Einheitspartei Deutschlands« vereinigt.
Der »Freie Deutsche Gewerkschaftsbund« und die FDJ entwickeln sich zu Monopolorganisationen unter Führung der SED.

August Bebel, portraitiert von Otto Grotewohl. Den großen alten Mann der Sozialdemokratie malte Grotewohl heimlich während des Dritten Reiches. Mit kleinen Aquarellen hielt er sich in der Zeit der Verfolgung über Wasser.

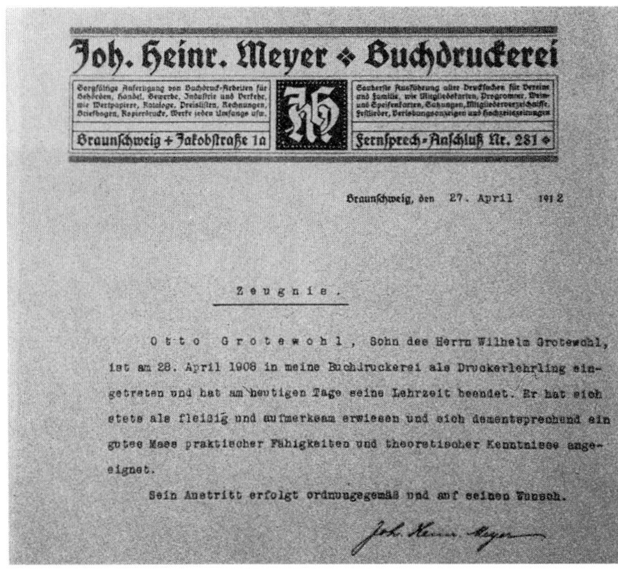

Joh. Heinr. Meyer ❖ Buchdruckerei

Sorgfältige Anfertigung von Buchdruck-Arbeiten für Behörden, Handel, Gewerbe, Industrie und Verkehr, wie Wertpapiere, Kataloge, Preislisten, Rechnungen, Briefbogen, Kopierdrucke, Werke jeden Umfangs usw.

Sauberste Ausführung aller Drucksachen für Vereine und Familie, wie Mitgliedskarten, Programme, Wein- und Speisenkarten, Satzungen, Mitgliederverzeichnisse, Festlieder, Verlobungsanzeigen und Hochzeitszeitungen

Braunschweig + Jakobstraße 1a

Fernsprech-Anschluß Nr. 281

Braunschweig, den 27. April 1912

Zeugnis.

Otto Grotewohl, Sohn des Herrn Wilhelm Grotewohl, ist am 28. April 1908 in meine Buchdruckerei als Druckerlehrling eingetreten und hat am heutigen Tage seine Lehrzeit beendet. Er hat sich stets als fleißig und aufmerksam erwiesen und sich dementsprechend ein gutes Mass praktischer Fähigkeiten und theoretischer Kenntnisse angeeignet.

Sein Austritt erfolgt ordnungsgemäß und auf seinen Wunsch.

Joh. Heinr. Meyer

Das Gesellenzeugnis von Otto Grotewohl, ausgestellt 1912 in Braunschweig. Grotewohl hatte in der Weimarer Republik eine beachtliche Karriere als sozialdemokratischer Politiker gemacht, ehe ihn die Nazis 1933 kaltstellten.

In der provisorischen Ost-Berliner »Deutschen Staatsoper« an der Friedrichstraße wird in den ersten Nachkriegsjahren vieles diskutiert, gefeiert und gegründet. Gegründet wird hier im Mai 1948 auch der »Demokratische Frauenbund Deutschlands«.

Goethe-Feiern in Weimar 1949. Den 200. Geburtstag des »deutschen Nationaldichters« begeht die SBZ mit Aufwand.

Ein erstes herausragendes Beispiel der »Aneignung des nationalen kulturellen Erbes«.

In der großen Schar, die sich zum Sarkophag in der Fürstengruft bewegt, ist auch Erich Honecker.

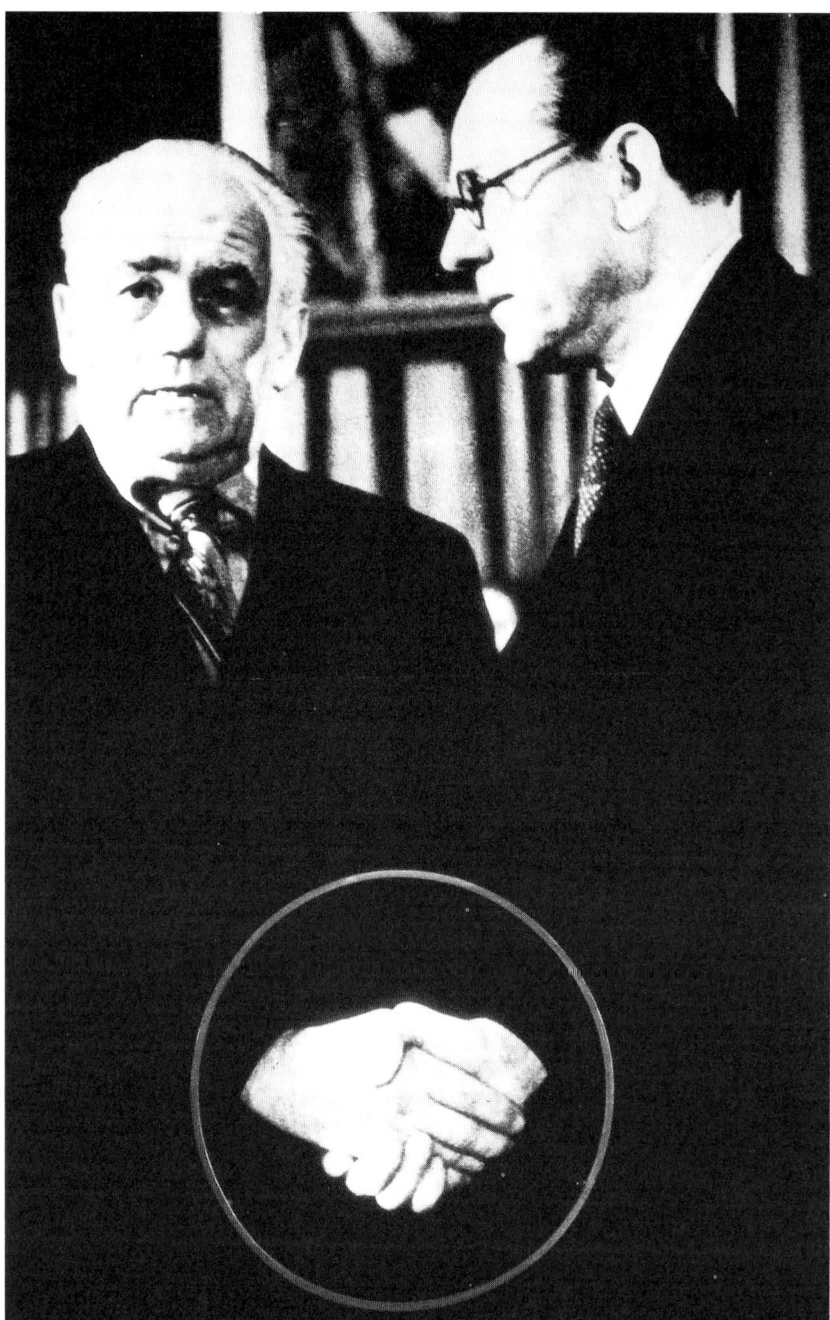

Der Händedruck. Auf dem Vereinigungsparteitag am 21. und 22. April 1946 wird die Gründung der »Sozialistischen Einheitspartei Deutschlands« besiegelt. Der Händedruck zwischen Wilhelm Pieck (bisher KPD) und Otto Grotewohl (bisher SPD) liefert die Vorlage für das Emblem der neuen Partei.

Freiwillige Zwangsvereinigung

Totalitäre Regime sind ständig damit beschäftigt, ihre eigene Geschichte zu manipulieren, Fiktionen aufzubauen und, wenn sie nicht mehr haltbar oder nützlich sind, durch neue zu ersetzen. Sobald sie sie durch die Wahrheit ersetzen, sind sie meist keine totalitären Regime mehr.

Die Vereinigung von SPD und KPD zur SED gehört zu jenen Vorgängen der Nachkriegszeit, die in West und Ost sehr unterschiedlich bewertet werden. Es spricht sehr viel dafür, daß die westliche Version der »Zwangsvereinigung« weitgehend richtig ist. Wann die östliche Version der völlig »freiwilligen« Vereinigung revidiert wird – wer weiß es?

Es gab unter den Mitgliedern der beiden großen Arbeiterparteien SPD und KPD starke Neigungen, die lange beschworene »Einheit der Arbeiterklasse« endlich zu besiegeln. Zu viele erinnerten sich daran, wie Sozialdemokraten und Kommunisten in der Weimarer Republik, anstatt gemeinsam den Nationalsozialismus aufzuhalten, sich gegenseitig mit Worten und Fäusten bekämpft hatten. Die KPD hatte sich sogar zu der These verstiegen, die SPD sei eine »sozialfaschistische« Partei und darum der Hauptfeind. Im KZ hatte man sich dann wiedergetroffen. Nun endlich, nach Niederlage und Tod Hitlers, sollte die historische Stunde schlagen!

So war es für viele eine Enttäuschung, daß die KPD im Juni 1945 zunächst nur eine »Aktionseinheit« mit der SPD anstrebte und keinen Zusammenschluß. Historiker wie Hermann Weber vermuten, daß die Kommunisten anfangs noch der Illusion anhingen, sie könnten – mit der Besatzungsmacht im Rükken – die führende politische Kraft in der SBZ werden. Dagegen stand jedoch zum einen die traditionelle Stärke der SPD in Berlin und Mitteldeutschland, zum anderen die rapide um sich greifende Erkenntnis der Bevölkerung, daß sich die KPD als verlängerter Arm der Sowjets verstand, oft sogar als deren Büttel.

Gegen Ende des Jahres 1945 schwenkte die KPD massiv auf »Einheit der Arbeiterklasse« um. Eines der Motive für diesen raschen Sinneswandel dürften die miserablen Aussichten der KPD für die Wahlen im Jahr 1946 gewesen sein.

In der SPD war die Einheits-Begeisterung inzwischen einer großen Ernüchterung gewichen. Dazu trug bei, daß die Sozialdemokraten in den Westzonen, allen voran Kurt Schumacher, unter den gegebenen Umständen strikt dagegen waren. Doch nun half die SMAD nach. In zahlreichen Zeugnissen ist die Rede davon, daß Kommandanten der Roten Armee die Ortsvereine der SPD regelrecht »in die Mangel« nahmen; selbst Wilhelm Pieck hat das, wie erst Jahre später bekannt wurde, einmal vorsichtig zugegeben. Auch auf höchster Ebene wurde heftig gedrängt: Marschall Schukow bestellte sich Otto Grotewohl ein. Neben massivem Druck setzte die SMAD auch die Lockmittel ein, die immer wirken: materielle Zuwendungen und Aussicht auf Posten und Pöstchen.

Die SPD versuchte hinzuhalten. Auf der ersten »Sechziger Konferenz« mit je dreißig Vertretern von SPD und KPD kurz vor

Weihnachten 1945 vertrat sie den Gedanken, die Vereinigung könne allenfalls für ganz Deutschland vollzogen werden. In der Nacht vom ersten auf den zweiten Tag der Konferenz leisteten wiederum sowjetische Offiziere »Überzeugungsarbeit«, so daß die Vereinigung grundsätzlich beschlossen werden konnte.

Die SPD-Führung der SBZ wollte nun einem gesamtdeutschen Parteitag die Entscheidung überlassen. Aber unter Drohungen, Verboten und Verhaftungen schlossen sich in vielen Städten und Landkreisen der Zone die Sozialdemokraten »freiwillig« mit den Kommunisten zusammen.

In einer tumultartigen Sitzung des Zentralausschusses der sowjetzonalen SPD mit ihren Landesorganisationen am 10. und 11. Februar 1946 fiel unter dem Druck der Ereignisse die Entscheidung: Die SPD erklärte sich zur Vereinigung bereit.

Die SPD-Basis, zumindest in Berlin, wehrte sich immer noch. In sechzehn von zwanzig Bezirken verlangte sie eine Urabstimmung. Darunter waren vier Ost-Berliner Bezirke. Aber dort griff die Rote Armee ein und schloß kurzerhand die Wahllokale. In West-Berlin stimmten – bei knapp 73 % Wahlbeteiligung – 82 % gegen die Vereinigung, immerhin 62 % jedoch für eine Zusammenarbeit mit der KPD.

Der berühmte »Vereinigungsparteitag« am 21. und 22. April 1946 im Berliner Admiralspalast war eine Formsache mit viel Symbolik. Pieck betrat von links die Bühne, Grotewohl von rechts, in der Mitte gaben sie sich die Hand. Dieser Händedruck ist im Emblem der Partei verewigt und wurde schon bald vom Volksmund gedeutet: Eine Hand wäscht die andere.

Anfangs wurde in der neuen Partei noch »Gleichberechtigung« zwischen ehemaligen Kommunisten und ehemaligen Sozialdemokraten demonstriert. Das schien auch dadurch geboten, daß die beiden Parteien zum Zeitpunkt der Vereinigung annähernd gleich groß waren: etwa 600000 KPD-Mitglieder, rund 680000 SPD-Mitglieder. Wilhelm Pieck und Otto Grotewohl wurden formell gleichberechtigte SED-Vorsitzende, Stellvertreter Walter Ulbricht, der schon damals als Vertrauter Moskaus der eigentliche starke Mann war, und Erich W. Gniffke, der 1948 in den Westen flüchtete. Im Zentralsekretariat saßen sieben Kommunisten und sieben Sozialdemokraten. Von letzteren spielte außer Grotewohl kein einziger eine wichtige Rolle.

Es ist nicht übertrieben zu sagen: Die KPD hat mit Hilfe der Besatzungsmacht die SPD liquidiert, deren Mitglieder integriert – und unter dem Namen SED weitergemacht wie bisher.

Zeitzeuge: Wolfgang Leonhard
Hoffnung und Enttäuschung

»Beim Vereinigungsparteitag im April 1946 war ich 25 Jahre alt, hatte zehn Jahre lang die Sowjetunion unter Stalin kennengelernt, hatte mir sehr viele kritische Gedanken darüber gemacht und nun die große Hoffnung, in der Sowjetzone Deutschlands würde es anders und besser werden. Ich war damals ein absolut überzeugter Anhänger und Verfechter der Vereinigung von KPD und SPD in der Hoffnung, aus beiden Parteien würde das Positivste sich in einer höheren Einheit verschmelzen: die Aktivität und militante Stärke der Kommunisten mit dem demokratischen Grundcharakter der Sozialdemokraten.«

»Meine Hoffnung war ja nicht ganz unbegründet. Denn in dieser neuen Partei, so wurde uns damals versprochen, würde es keinen ›demokratischen Zentralismus‹ geben, sondern eine echte Parteidemokratie. Wir würden nicht das Sowjetsystem kopieren. Die offizielle Linie hieß vielmehr, die SED werde aufgrund der deutschen historischen Bedingungen einen eigenständigen demokratischen Weg zum Sozialismus antreten. Und Otto Grotewohl erklärte auf diesem Vereinigungsparteitag am 21. April 1946 im Admiralspalast, in keiner deutschen Partei sei die Achtung vor den Rechten der Persönlichkeit und den Lebensrechten der Menschen so groß wie in der jetzt zu bildenden Sozialistischen Einheitspartei Deutschlands. Hinzu kam noch etwas: Alle Leitungen auf allen Ebenen sollten paritätisch aus Kommunisten und Sozialdemokraten zusammengesetzt werden – was mir die Hoffnung gab, das würde kein Schwindel sein, sondern eine echte Zusammenarbeit.«

»Und schließlich, häufig vergessen bei Historikern, der entscheidende Satz in der Rede von Otto Grotewohl: Mit der Gründung der Sozialistischen Einheitspartei hätten wir jetzt eine solche Stärke, eine solche Sicherheit für den Bestand der Sowjetischen Zone Deutschlands, daß wir ›auf die Bajonette der Russen nicht mehr angewiesen‹ sein würden. Das bedeutete ja auch die Hoffnung, durch die Gründung der SED Herr im eigenen Hause zu sein.«

»All das hat mich damals beim Vereinigungsparteitag dazu gebracht, zu klatschen und wirklich die große Hoffnung zu haben, mit der SED würden ein eigenständiger Weg zum Sozialismus und demokratische Möglichkeiten geschaffen. Unnötig, zu sagen, daß ich schon wenige Monate später zu erkennen begann, daß dies eine Illusion gewesen war.«

Wolfgang Leonhard blieb SED-Funktionär bis zum März 1949. Dann floh er ins »abtrünnige« Jugoslawien, von da in den Westen. Seine Hoffnungen und Enttäuschungen beschrieb er in seinem autobiographischen Buch »Die Revolution entläßt ihre Kinder«.

Zeitzeuge: Julius Bredenbeck
Die SPD ans Kreuz genagelt

Julius Bredenbeck, Jahrgang 1907, stammt aus der Kieler Arbeiterbewegung. Seit 1927 Mitglied der SPD, wurde er nach dem Krieg als Bürgermeister in der Gemeinde Hirschfelde an der Neiße eingesetzt. Am 12. Juni 1945 gründete er dort die »Deutsche Arbeiterpartei«.

»Über das Radio erfuhr ich vom Befehl Nr. 2 der SMAD, der die Neugründung politischer Parteien und Gewerkschaften in der SBZ erlaubte. Ich wußte damals weder, daß sich in Berlin bereits ein Zentralausschuß der SPD gebildet hatte, noch daß die KPD und dann die SPD einen Gründungsaufruf herausgebracht hatten. Ich habe also vollkommen von mir aus mit früheren Sozialdemokraten und Kommunisten die ›Deutsche Arbeiterpartei‹ gegründet. KPD und SPD hatten in meinen Augen historisch versagt. Es war die Zeit gekommen für eine neue Partei. Unsere Neugründung sollte werden, was die SED ein Jahr später vorgab zu sein: die Partei der Arbeiter und Werktätigen. Im Gegensatz zur SED war der DAP allerdings nur ein kurzes Leben beschieden. Schon im Sommer 1945 wurde die Idee, KPD und SPD zu einer Partei zu vereinigen, in beiden Parteien heiß diskutiert. Übrigens mit ähnlichen Argumenten, mit denen wir in Hirschfelde damals die ›DAP‹ gegründet hatten.«

»Viele Sozialdemokraten haben den Versprechungen der KPD geglaubt, daß sie in der neuen Partei auf Dauer gleichberechtigt miteinander arbeiten würden. Außerdem glaubten wir, daß wir uns aufgrund unserer zahlenmäßigen Überlegenheit und auch wegen der, so dachten wir, besseren Parteiführung in der neuen Partei würden gut behaupten können. Und wir haben an die neuen Wege geglaubt, die die KPD mit uns angeblich einschlagen wollte. Da gab es die Thesen von Anton Ackermann, einem führenden Mann der KPD, der das sowjetische System für Deutschland ablehnte und einen eigenen Weg zum Sozialismus vorschlug. Ackermann mußte seine Thesen später widerrufen.«

»Auch Otto Grotewohl unterstützte zunächst die Forderung vieler Sozialdemokraten, die Vereinigung dürfe nicht nur in einer Zone durchgeführt werden und müsse außerdem durch eine Befragung aller Parteimitglieder demokratisch entschieden werden. Doch dann, nach der berühmten 60er Konferenz im Dezember 1945, an der je 30 Sozialdemokraten und Kommunisten teilnahmen, ist Grotewohl regelrecht umgefallen. Man kann auch sagen, er hat seine Partei verraten. Vielleicht ist er auch korrumpiert worden. Oder es lag an der Rivalität zwischen ihm und Kurt Schumacher in Hannover um die Führung der gesamten Partei.«

»Schumacher hat die Rolle der Kommunisten illusionslos erkannt und vor der Einheitsfront-Ideologie gewarnt. Viele Sozialdemokraten wie ich sind Schumachers Argumentation gefolgt. Seine Reden und Verlautbarungen wurden ja auch schon vor der Zwangsvereinigung in die SBZ geschmuggelt.«

»Daß diese Schriften eingeschmuggelt werden mußten, ist übrigens ein interessantes Detail der damaligen Politik der Besatzungsmächte: Es gab einen Kontrollratsbeschluß, der sinngemäß besagte, daß jede Druckschrift, die in einer Zone genehmigt wurde, auch in den anderen Zonen verbreitet werden dürfe. Nur die Russen haben sich darüber hinweggesetzt. Das Material der West-SPD haben sie nicht hereingelassen. Wenn man also damit erwischt wurde, ging's in den ›Bau‹. Meistens nur für eine Nacht, aber es gab 1946/47 auch Fälle, da sind Leute vors Militärgericht gekommen.«

»Auch bei uns, ich war inzwischen in Magdeburg, gab es in beiden Parteien Leute, die eine Einheitspartei anstrebten. Andere, wie ich zum Beispiel, wollten diesen Weg so nicht gehen. Wir sahen die Gefahr, von den Kommunisten geschluckt zu werden. Aber die politische Entwicklung ging über uns hinweg. Vor dem Vereinigungsparteitag in Berlin hätte ich mich dann am liebsten gedrückt. Aber ich mußte hin. Meine Genossen auf unserem Landesparteitag haben mich einfach in Abwesenheit delegiert. Von denen hatten wohl auch nur wenige Lust, Zeuge dieses Schauspiels zu werden.«

»Ich bin dann als ›Delegierter wider Willen‹ nach Berlin gefahren. Unsere Parteiführung um Grotewohl hatten die Kommunisten ja schon umgedreht und jetzt mußten wir da durch. Da half nur Sarkasmus. Mit Freunden und einem Genossen, den ich später im Zuchthaus Bautzen wiedertraf, stand ich nach der Abstimmung an der Theke im Admiralspalast. Wir haben mit Schnaps angestoßen und gesagt: ›Prost, heute ist Karfreitag. Heute haben sie unsere Partei ans Kreuz genagelt‹.«

»Wir waren hilflos, wir waren machtlos. Wir hatten nur noch Verachtung für das, was wir jetzt nicht mehr verhindern konnten. Von den vielen tausend kleinen Funktionären in der Zone konnten wir keinen Widerstand erwarten. Hinter der KPD standen die Russen. Sollten da unsere Genossen an der Basis, nachdem die Spitze umgefallen war, in die Zuchthäuser gehen? Das konnte man keinem Sozialdemokraten und seiner Familie zumuten.«

»Nur einen ganz kleinen Erfolg konnten wir auf diesem Parteitag erringen: Wir konnten zumindest für den Anfang verhindern, daß aus der SED gleich eine Kaderorganisation wurde. Darum haben wir um das Partei-Statut gekämpft. Es war ein letztes Aufbäumen. Und wenige Jahre später ist die SED dann ja doch zur Kaderpartei nach kommunistischem Muster umgeformt worden.«

»Ich sehe noch diese Szene vor mir: Auf die Bühne des Admiralspalastes treten – einer von links, einer von rechts – Pieck und Grotewohl. In der Mitte reichen sie sich die Hände. KPD und SPD vereinigen sich zur SED. Ich dachte daran, welchen Standpunkt Grotewohl noch vor der 60er-Konferenz vertrat und was er nun gerade tat. Er war wetterwendig, nicht eindeutig bestimmbar. Mir und anderen Sozialdemokraten im Saal, die so dachten wie ich, war beklommen zumute.«

»Bei uns unten im Saal war die ›Vereinigung‹ ja bereits vollzogen. Die Delegierten saßen schon geordnet nach Landsmannschaften und nicht nach ihrer Partei-Herkunft. Trotz aller Kritik an dieser SED-Gründung: Es wäre ungerecht, wenn ich verschwiege, daß ein großer Teil der Delegierten mit feuchten Augen dagesessen hat. Wir waren berührt von dieser angeblich historischen Stunde, wo sich Kommunisten und Sozialdemokraten die ›Bruderhand‹ gereicht haben. Doch wir haben sie schon damals als eine befleckte Hand angesehen. Das sollte sich schon bald im Alltag zeigen. Die SED präsentierte sich zwar zunächst nach außen nicht wie eine kommunistische Organisation. Aber in der Praxis setzte sie die Politik der KPD fort und war, wie sie, der verlängerte Arm der Besatzungsmacht.«

»Daran änderten auch die ideologischen Zugeständnisse nichts, die man uns Sozialdemokraten gemacht hatte, um uns die Vereinigung zu versüßen: die paritätische Besetzung aller Parteiämter, der angeblich ›besondere deutsche Weg‹ zum Sozialismus, die Gründung als Massen- und nicht als Kaderpartei. Im Anfang berief sich die SED sogar nur auf Marx und nicht auch auf Lenin. Alles nur, um Distanz zur sowjetischen Praxis zu demonstrieren. Aber selbst diese vorgetäuschte Distanz wurde spätestens 1948 aufgegeben, als sich die SED zur ›Partei neuen Typus‹ erklärte. Da fiel dann die Maske.«

»Daß es unter uns SED-Mitgliedern gravierende Unterschiede gab, hatte die Masse der Bevölkerung bald erkannt. Die Leute konnten schon unterscheiden, wo die Knechte der Besatzungsmacht waren, wer sich anpaßte und welche Genossen, soweit es ging, Widerstand leisteten.«

»In der SED haben wir ehemaligen SPD-Leute bald bemerkt, wie uns die Genossen von der KPD bespitzelten. Zum Beispiel saß in den Verwaltungen der Städte und Gemeinden meist ein Sozialdemokrat an der Spitze und im Vorzimmer ein Kommunist. Der hat dann aufgepaßt, was sein Chef so trieb, und fleißig Berichte geschrieben. So war das in der Regel. Uns Sozialdemokraten blieb nichts weiter übrig, als fest zusammenzuhalten und zu überwintern. Andere resignierten, versuchten, persönlich gut über die Runden zu kommen, und machten eben mit.«

»Ab 1947 wurde der Druck auf uns ›rechte‹ Sozialdemokraten, die sich den Kommunisten widersetzten, immer stärker. Und immer intensiver wurden dann meine Kontakte zum Ostbüro der SPD. Im September 1948 hat mich dann der sowjetische Geheimdienst, u. a. wegen dieser Kontakte, verhaftet. Von einem Militärtribunal in Merseburg wurde ich zu 25 Jahren Zuchthaus wegen ›antisowjetischer Propaganda‹ verurteilt, von denen ich fast sechs Jahre in Bautzen, Waldheim und Torgau abgesessen habe.«

Nach seiner Entlassung ging Julius Bredenbeck in den Westen.

Vereinigungspropaganda. Seit Ende 1945 betreibt die KPD mit sowjetischer Unterstützung massiv den Zusammenschluß mit der SPD zur Einheitspartei.

Auch in West-Berlin rufen Plakate zu Kundgebungen mit Pieck und Grotewohl auf.
Otto Grotewohl, SPD-Vorsitzender in Berlin und der SBZ, läßt sich auf den Vereinigungskurs ein und wirbt dafür in der Provinz. Hier bei den SPD-Genossen in Magdeburg (Grotewohl Sechster von rechts, Dritter von links unser Zeitzeuge Julius Bredenbeck).

Der »große Stalin« blickt herab – hier auf eine Käuferschlange vor einer Verkaufsbude am Berliner Alexanderplatz. Was immer in der SBZ politisch geschieht, entschieden wird es in Moskau – auch die Gründung der Einheitspartei.

Pieck, Grotewohl und Ulbricht (von links) auf dem Vereinigungsparteitag. Die beiden Parteivorsitzenden spielen nach außen hin die Hauptrollen, aber der eigentliche starke Mann ist Walter Ulbricht. Er vollzieht kompromißlos die Politik Stalins, die zur »Sowjetisierung« der SBZ führt.

Propagandawelle für die Vereinigung. Wie hier vor der Dresdner Semperoper werden im Frühjahr 1946 überall in der SBZ Massendemonstrationen für die Vereinigung von KPD und SPD durchgeführt. Insbesondere bei den Sozialdemokraten, die in Mitteldeutschland traditionell stärkste Partei sind, gibt es viele Gegner der Vereinigung.

Ein berühmtes Foto mit Symbolwert: Vor den Trümmern des Hitlerkriegs verbünden sich die ehemals verfeindeten Arbeiterparteien zu einer »machtvollen Einheit«. Die Szene ist allerdings nachgestellt, das Foto stammt aus einem Film.

Die alten und neuen Mitgliedskarten der beiden Vorsitzenden der SED. Drei Jahrzehnte zuvor waren sie schon einmal Mitglied ein und derselben Partei gewesen, der SPD im Kaiserreich.

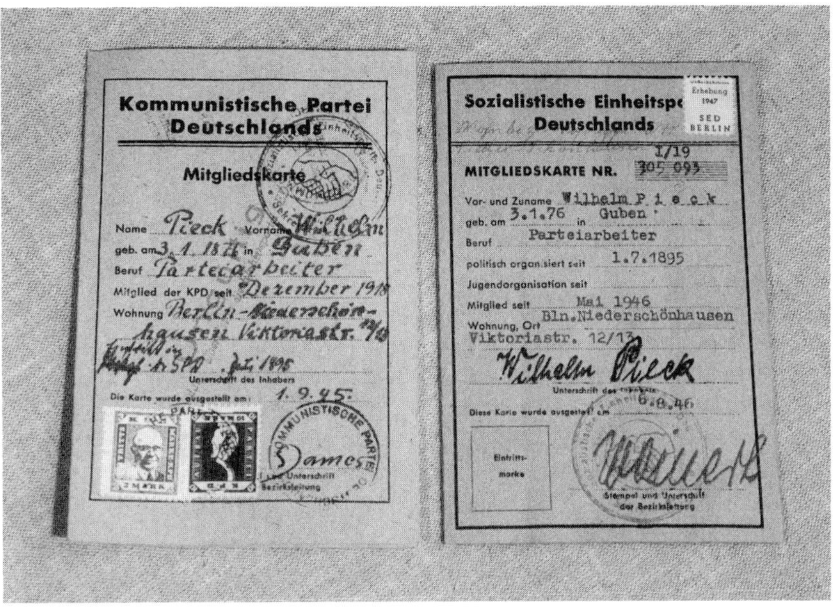

Kommunistische Partei Deutschlands

Mitgliedskarte

Name Pieck Vorname Wilhelm
geb. am 3.1.1876 in Guben
Beruf Parteiarbeiter
Mitglied der KPD seit Dezember 1918
Wohnung Berlin-Niederschönhausen Viktoriastr. 12/13
Unterschrift des Inhabers
Die Karte wurde ausgestellt am: 1.9.45
Stempel und Unterschrift Bezirksleitung

Sozialistische Einheitspartei Deutschlands

Erhebung 1947 SED Berlin

MITGLIEDSKARTE NR. 1/19 305 093
Vor- und Zuname Wilhelm Pieck
geb. am 3.1.76 in Guben
Beruf Parteiarbeiter
politisch organisiert seit 1.7.1895
Jugendorganisation seit
Mitglied seit Mai 1946
Wohnung, Ort Bln.Niederschönhausen Viktoriastr. 12/13
Wilhelm Pieck
Unterschrift des Inhabers
Diese Karte wurde ausgestellt am 6.8.46
Eintrittsmarke
Stempel und Unterschrift der Bezirksleitung

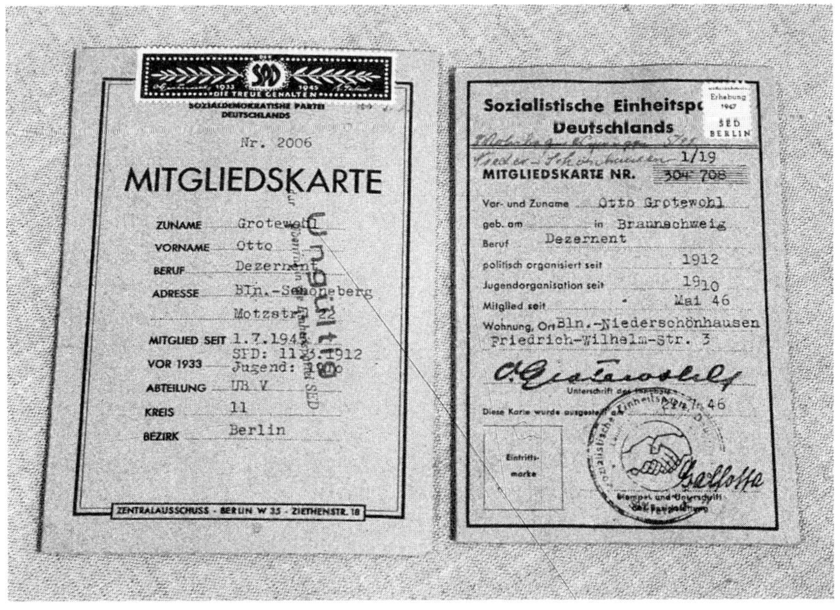

SPD 1933 1945 DIE TREUE GEHALTEN

SOZIALDEMOKRATISCHE PARTEI DEUTSCHLANDS

Nr. 2006

MITGLIEDSKARTE

ZUNAME Grotewohl
VORNAME Otto
BERUF Dezernent
ADRESSE Bln.-Schöneberg Motzstr.
MITGLIED SEIT 1.7.1945
VOR 1933 SPD: 1.3.1912 Jugend: 1910
ABTEILUNG UB V
KREIS 11
BEZIRK Berlin

Ungültig

ZENTRALAUSSCHUSS · BERLIN W 35 · ZIETHENSTR. 18

Sozialistische Einheitspartei Deutschlands

Erhebung 1947 SED Berlin

MITGLIEDSKARTE NR. 1/19 304 708
Vor- und Zuname Otto Grotewohl
geb. am in Braunschweig
Beruf Dezernent
politisch organisiert seit 1912
Jugendorganisation seit 1910
Mitglied seit Mai 46
Wohnung, Ort Bln.-Niederschönhausen Friedrich-Wilhelm-Str. 3
O. Grotewohl
Unterschrift des Inhabers
Diese Karte wurde ausgestellt am 46
Eintrittsmarke
Stempel und Unterschrift der Bezirksleitung

Freie demokratische Wahlen, wenn auch mit vielfachen Behinderungen für die bürgerlichen Parteien, gibt es in der SBZ nur im Herbst 1946.

Hier ein Wahllokal in Halle an der Saale.

Bei den Kreis- und Landtagswahlen am 20. Oktober wird die SED stärkste Partei, bleibt aber unter 50 Prozent.

Spitzenpolitiker bei der Stimmabgabe. Jakob Kaiser (oben) wird ein gutes Jahr später von der SMAD als CDUD-Vorsitzender abgelöst. Hermann Külz (Mitte), der erste Vorsitzende der LDPD, stirbt 1948. Otto Grotewohl, der hier die Wahlkabine betritt, wird drei Jahre später Ministerpräsident der DDR.

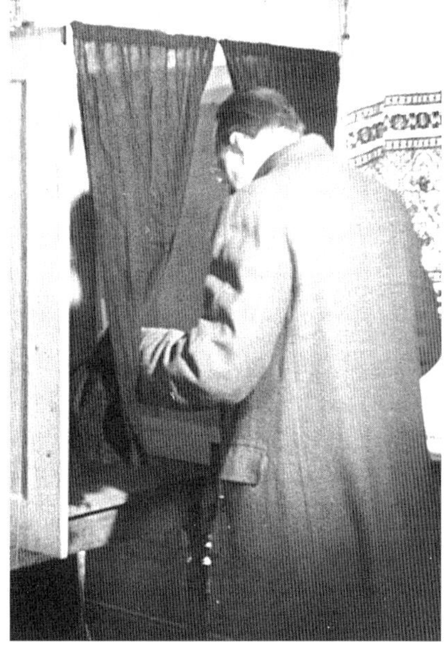

Zwei »gemachte« Männer. Lothar Bolz (oben) wird im Mai 1948 von SED und SMAD zum Vorsitzenden der neugegründeten »National-Demokratischen Partei Deutschlands« (NDPD) gemacht. Um die Bauern politisch besser organisieren zu können, wird im April 1948 die »Demokratische Bauernpartei Deutschlands« (DBD) gegründet. Vorsitzender wird der SED-Funktionär Ernst Goldenbaum.

Parteien der Partei

Es ist schon ein eigen Ding und im Westen nicht recht vorstellbar: daß sich eine Partei Parteien gründet und dazu sogar eigene Funktionäre delegiert. Genau das tat die SED 1948 auf Anweisung der SMAD: Sie gründete am 29. April die Demokratische Bauernpartei Deutschlands. Die DBD sollte die meist widerstrebenden Landwirte, die nicht so recht in die große »Arbeiterpartei« paßten, politisch organisieren und aktivieren. Ernst Goldenbaum, ein damals 49jähriger mecklenburgischer Landwirt und bewährter kommunistischer Funktionär, organisierte das und wurde DBD-Vorsitzender für mehr als drei Jahrzehnte.

Am 25. Mai 1948 entstand auf gleiche Weise die National-Demokratische Partei Deutschlands. Die NDPD hatte die Aufgabe, bürgerlich-konservative Kräfte bis hin zu ehemaligen Nazis zu sammeln, Leute also, die man nicht in der SED haben, aber in das neue politische System einbinden wollte. Lothar Bolz, ein 44jähriger promovierter Jurist aus Oberschlesien, 1946 aus sowjetischer Emigration zurückgekehrt, wurde Vorsitzender für mehr als zwanzig Jahre. Bolz wie Goldenbaum bekamen später in der DDR Ministerämter.

Die neugegründeten Parteien wurden sogleich Mitglied im »Antifaschistisch-Demokratischen Block«, der schon 1945 gegründet worden war, und ab 1949 nur noch »Demokratischer Block« hieß. In diesem Rahmen durften (und dürfen) sie – unter Anerkennung der führenden Rolle der SED und nach deren Maßgabe – Mandate und Posten besetzen und für die Fiktion einer Mehrparteien-Demokratie herhalten.

Im »Block« trafen DBD und NDPD zwei weitere Parteien, die zwar ihr Schicksal teilten, aber wenigstens eine andere Vergangenheit vorweisen können: CDUD und LDPD. Aufgrund des SMAD-Befehls Nr. 2 vom 10. Juni 1945, der die Bildung antifaschistischer, demokratischer Parteien und Gewerkschaften zuließ, hatten sich in der SBZ und Berlin schon am Tag danach die KPD und weitere vier Tage später die SPD gegründet.

Am 26. Juni wurde die Christlich-Demokratische Union Deutschlands (CDUD) ins Leben gerufen. Zu ihren Gründern zählten bekannte Persönlichkeiten: Ferdinand Friedensburg (später Bundestagsabgeordneter), Andreas Hermes (später Präsident des Deutschen Bauernverbands), Jakob Kaiser (später Bundesminister für gesamtdeutsche Fragen), Heinrich Krone (später Bundesminister für besondere Aufgaben), Ernst Lemmer (1956 Bundespostminister, ab 1957 Bundesminister für gesamtdeutsche Fragen), Otto Nuschke (später Vorsitzender der CDU in der DDR), Walther Schreiber (später Regierender Bürgermeister von Berlin).

Diese kurze Liste deutet schon den Niedergang der Ost-CDU an: Exodus der führenden Kräfte unter dem Druck der SMAD und der SED. Hermes, der erste Vorsitzende, wurde ebenso aus seinem Amt gedrängt wie Kaiser, sein Nachfolger. Dann kam Nuschke und fügte die CDU in den SED-geführten Block ein – unter dem stummen Protest der machtlosen Mitglieder. Über 200 000 waren es damals, mehr als die Hälfte verabschiedete sich bald.

Am 5. Juli 1945 entstand die Liberal-Demokratische Partei Deutschlands (LDPD). Ihre Gründungsmitglieder sind nicht so bekannt geworden. Der Vorsitzende Wilhelm Külz versuchte mit viel Mut, insbesondere rechtsstaatliche Prinzipien zu verteidigen. Er starb bereits 1948, was den Machthabern erlaubte und erlaubt, sein Andenken – etwa in Straßennamen – zu pflegen. Aus der LDPD der Sowjetzone gingen mindestens zwei bedeutende Politiker der Bundesrepublik Deutschland hervor: Hans-Dietrich Genscher und Wolfgang Mischnick.

Das Jahr 1946 war das einzige nach dem Kriege, in dem in der SBZ/DDR so etwas wie freie Wahlen stattfanden: Im September Gemeindewahlen, am 20. Oktober Kreis- und Landtagswahlen in allen Ländern der SBZ. Ganz und gar frei sind diese Wahlen indes auch nicht zu nennen, da die Besatzungsmacht die SED in jeder nur denkbaren Weise förderte und bevorzugte. Bei den Gemeindewahlen erreichte die SED in allen fünf Ländern der Zone die absolute Mehrheit der Stimmen, nicht mehr jedoch am 20. Oktober. Da blieb sie überall, wenn auch teilweise knapp, unter der 50-Prozent-Marke. Zweitstärkste Partei wurde in Mecklenburg, Brandenburg und Sachsen-Anhalt die CDU, in Thüringen und Sachsen die LDPD.

Das Ergebnis enttäuschte die führenden Einheitssozialisten bitter. Aber die Kommunisten konnten sich mit der Erkenntnis trösten, daß die Zwangsvereinigung mit der SPD für sie die ganz große Katastrophe verhindert hatte. In Groß-Berlin nämlich durften am 20. Oktober sowohl die SED als auch die SPD antreten. Das Ergebnis deutete an, wie es wahrscheinlich auch in der SBZ ausgesehen hätte, wenn ... Die SPD gewann in ganz Berlin 48,7 % der Stimmen, die SED kam hinter der CDU auf Platz drei mit 19,8 %.

Vier Parteien hatten also 1945 in der SBZ und Berlin die Konkurrenz aufgenommen: KPD, SPD, CDUD, LDPD. Jede wollte, nach Nationalsozialismus und Krieg, den Neuanfang mitgestalten, anknüpfend jeweils an Traditionen, die in die Weimarer Republik oder ins Kaiserreich zurückreichten. Der gefährlichste Konkurrent der KPD war »eingeschmolzen« worden, die beiden anderen eingebunden in den »Block«. DBD und NDPD waren als Kreaturen der SED hinzugekommen.

Wo sollte (soll) ein Bürger mittun? Der Karriere zuliebe natürlich in der SED, aus Überzeugung oder Opportunismus. Zum Nachweis einer gewissen gesellschaftlichen Aktivität und um seine Ruhe zu haben, ging (geht) man eben in eine Blockpartei. Und da gibt es immer noch zwei »gute« Adressen und zwei weniger gute.

Zeitzeuge: Wolfgang Mischnick
Ein »nasser Fleck«

Wolfgang Mischnick, später einer der führenden Bonner Politiker der FDP, kehrte 1945 nach fünf Jahren Krieg, 23 Jahre alt, zurück in seine Heimatstadt Dresden. Er wollte studieren, aber er durfte nicht – als Reserveoffizier der Wehrmacht.

»Ich habe anfangs mit meinem Vater zusammen am Hygiene-Museum den Mörtel von den Ziegeln geklopft. Damit haben wir das erste Geld verdient im Juni/Juli 1945.«

»Als ich vom Aufruf der LDPD in der Zeitung las, bin ich zur vorläufigen Geschäftsstelle gegangen, habe mir einen Aufruf geholt. Zu dieser Zeit mußte ich mich als ehemaliger Offizier alle acht Tage melden bei einer Stelle, wo ein Altkommunist saß, der mit mir ständig über den Kommunismus diskutierte. Ich habe verglichen und ihm eines Tages verkündet, ich würde Mitglied der LDPD, was ihn sehr enttäuschte. Derselbe Mann erklärte mir 1947, das sei nicht der Kommunismus, den er sich vorgestellt habe. Und er ging weg.«

»Als ich am 6. August 1945 auf der Gründungsversammlung der LDPD Dresden in die Partei eintrat, geschah dies nicht mit der Überzeugung, nun hauptamtlich tätig zu werden. Ich wurde aber sofort von Herrn Dieckmann, dem späteren Volkskammerpräsidenten, gebeten, als Jugendreferent zur Verfügung zu stehen. Im Jugendausschuß der Stadt Dresden saß ich mit Vertretern von KPD, SPD und CDU zusammen. Es stellte sich dabei heraus, daß nur ich den Krieg als Soldat mitgemacht hatte. Da spürte ich bald, welche Schwierigkeiten auf mich zukämen. Als ich dann meine erste Versammlung durchführte und den Redetext vorher schriftlich der SMAD zur Genehmigung vorlegen mußte, wurde mir klar, daß die politische Tätigkeit nicht so ganz einfach würde.«

»Es war eben ein gewisser Rahmen gesetzt, in dem operiert werden konnte. Ich gebe zu, daß ich damals noch die Hoffnung hatte, daß man diesen Rahmen ausfüllen könne. Daß man die eigene Auffassung, also in diesem Fall die liberal-demokratische, sichtbar machen könne. Hätte ich diese Hoffnung nicht gehabt, wäre ich schon Ende 1945 auf das Angebot von Parteifreunden eingegangen, mit nach Württemberg zu gehen. Aber ich sagte: Das ist meine Heimat, hier kann ich noch etwas tun. Also blieb ich in Dresden.«

Die Liberal-Demokratische Partei trat für eine parlamentarische Demokratie ein, das taten, wenigstens verbal, am Anfang auch die anderen. Außerdem focht sie für die Erhaltung des Privateigentums; das tat seinerzeit nicht einmal die CDU. So war die LDPD der SMAD ein Dorn im Auge.

»Am 1. September 1946 fand in Sachsen die erste Kommunalwahl statt. Schon bei der Aufstellung der Kandidaten spürten wir, daß die zehn Mitglieder, die gebraucht wurden, um eine Liste aufzustellen, bei uns sehr scharf gesiebt wurden, während das bei anderen nicht so der Fall war; daß also bei der Liberal-Demokratischen Partei, die für das Eigentum eintrat und sozusagen anti-sozialistisch war, mehr aufgepaßt wurde. Ich habe das dann persönlich gespürt, als ich am 20. Oktober 1946 für die sächsische Landtagswahl kandidieren wollte. Ich wurde von der Liste gestrichen wegen ›militaristischer, nazistischer Vergangenheit‹, während der junge Mann, der bei der Hitlerjugend Bannführer gewesen war, bei der CDU kandidieren und unbeanstandet in den Landtag einziehen durfte. Der Unterschied war eben: Er hatte sich zur FDJ bekannt, ich hatte mich für eine selbständige Jugendorganisation der LDPD ausgesprochen.«

Wolfgang Mischnick war Jugendbeauftragter der LDPD für Dresden, für ganz Sachsen und seit Anfang 1946 für die gesamte SBZ – und damit automatisch Mitglied des Zentralvorstands der LDPD für die SBZ und Berlin. Hauptkontrahent war naturgemäß die FDJ.

»Die FDJ führte 1946 eine Kampagne für die ›Grundrechte der jungen Generation‹. Wir hatten die Idee, dem entgegenzusetzen, daß es auch Pflichten für die junge Generation gebe. Unsere Kampagne war natürlich gleichzeitig eine Werbekampagne für die LDPD. Wir brachten ein Plakat heraus, auf dem es hieß: ›Jugend, bekenne dich zur Arbeit, zur Einheit, zur Wahrheit, zur Demokratie, zur Jugendbewegung!‹ Der letzte Punkt erweckte Anstoß bei der FDJ. Sie verlangte, daß ich der SMAD anbot, die Zeile ›zur Jugendbewegung‹ zuzukleben. Ich bot es an, es wurde akzeptiert. Als nächstes protestierte die FDJ: Der Mischnick, dieser unverschämte Kerl, hat seine Plakate dadurch überhaupt interessant gemacht, daß er sie zugeklebt hat. Das muß sofort wieder runter!«

»Übrigens habe ich für dieses Plakat eine Druckauflage von 100000 durchgekriegt, obwohl sie glaubten, nur 10000 genehmigt zu haben. Ich habe den Antrag zum Druck der Plakate so eingereicht: 10.0000. Und das haben sie genehmigt. Die FDJ sagte: Das kann doch nicht stimmen, ganz Sachsen ist voll mit diesen Plakaten. Daß nun der Punkt ein bißchen verrutscht war ...«

»Es gab häufig Ärger, oft um Kleinkram. Einmal zum Beispiel mit den Hallensern. Unsere Freunde dort hatten vor der Wahl so ein Transparent gemacht und an die Straßenbahn geklebt: ›Stimmt für die SED, für den Anschluß an die Sowjetunion!‹ Ich mußte daraufhin nach Berlin, als zentraler Jugendbeauftragter der LDPD, und habe geleugnet. Natürlich waren es unsere Leute. Einer davon war Hans-Dietrich Genscher.«

1947 wurde Wolfgang Mischnick zum stellvertretenden Landesvorsitzenden der LDPD in Sachsen gewählt. Die Vorgänge auf dem Parteitag in Bad Schandau in der Sächsischen Schweiz werfen ein Licht auf die ›Freizügigkeit‹, derer sich die nicht SED-konformen Parteien und Politiker erfreuten.

»Es bestand innerhalb der Partei der Wunsch, ich solle zu einem der beiden stellvertretenden Landesvorsitzenden gewählt werden. Die anwesenden SMAD-Offiziere hatten aber schon vor Beginn versucht, die Teilnehmerkartei so zu ändern, daß ich gar nicht teilnehmen könnte. Nun, als ich zur Wahl vorgeschlagen wurde, machten sie darauf aufmerksam, ich hätte doch lange den Krieg mitgemacht und sei verwundet worden, also sei ich gesundheitlich gar nicht in der Lage, dieses Amt auszuführen. Ich habe Dr. Külz, unserem Vorsitzenden des Zentralvorstandes, gesagt, welche Bedenken hier bestünden. Er sagte nur: ›Ach, junger Mann, lassen Sie sich da gar nicht beeindrucken, kandidieren Sie!‹ Ich habe kandidiert und wurde gewählt.«

»Es war übrigens der Parteitag, auf dem einer unserer Freunde das berühmte Wort sprach: ›Früher brauchte man die arische Großmutter, heute braucht man die proletarische Großmutter, um studieren zu können.‹«

»Drei Tage nach diesem Parteitag kam dann die Anweisung von der Sowjetischen Militäradministration Sachsen, daß ich mein Amt nicht wahrnehmen dürfe. Der Mann, der gegen mich unterlegen war, rückte an meine Stelle nach, ich schied aus dem Landesvorstand aus. Da ich aber noch Mitglied des Zentralvorstandes in Berlin war, konnte ich an dessen Sitzungen teilnehmen. So war ich nicht völlig ausgeschaltet. In Sachsen jedoch hatte ich ab November 1947 Rede- und Schreibverbot und durfte nicht mehr auftreten.«

»Es wurde für mich bald spürbar, daß die Hoffnung, das sei vielleicht nur eine vorübergehende Maßnahme, nicht begründet war. Im Februar 1948 machte man mir allerdings noch einmal ein Angebot. Es gebe drei Möglichkeiten, daß die Maßnahmen wieder aufgehoben würden und ich wieder aktiv werden könnte. Erstens: Ich ginge aus Sachsen weg; ich könnte Minister für Jugendfragen in Brandenburg werden. Zweitens: Sie würden mir das Studium erlauben, wenn ich der FDJ beiträte und ein klares Bekenntnis zu ihr ablegte. Drittens: Da ich gern in Dresden in der Kommunalpolitik aktiv sein würde, wären sie sofort bereit, mich zum Bürgermeister zu machen, wenn ich für die FDJ einträte. Ich habe gesagt: ›Nein, ich gehe nicht in die FDJ, das ist keine Jugendorganisation, wie wir sie uns vorstellen.‹«

»Das führte dazu, daß mir eines Tages in einem der vielen Gespräche mit den Vernehmern der SMAD gesagt wurde: ›Herr Mischnick, Sie sind für uns ein nasser Fleck, den wir vertrocknen lassen, wenn wir das für richtig halten.‹ Da wußte ich, daß es Zeit wurde, nunmehr doch den Weg nach Westdeutschland zu gehen. Eine ganze Reihe meiner Freunde und meiner engen Mitarbeiter war schon verhaftet. Mein Glück war, daß ich noch zu den Sitzungen des Zentralausschusses nach Berlin fahren konnte. Im April 1948 blieb ich dort. Am Himmelfahrtstag wurde ich dann mit meiner Frau von den Amerikanern nach Frankfurt geflogen.«

»Von der Sowjetunion lernen ...«

Nach Gorbatschows Amtsantritt stellte die SED die Parole nicht mehr heraus, die seit den späten vierziger Jahren an Fabrikmauern und auf Schulkorridoren gestanden hatte, in weißer Schrift auf rotem Grund: »Von der Sowjetunion lernen heißt siegen lernen.«

Daß die Sowjetunion 1945 militärisch gesiegt hatte, war ja unbestreitbar, aber das war mit der Parole nicht gemeint. Im Kampf um eine bessere Gesellschaftsordnung sollte das Modell aus dem Osten Vorbild sein. Doch das war den meisten Bürgern der Sowjetisch Besetzten Zone nicht beizubringen. Ob dabei Goebbels' Propaganda nachwirkte und inwieweit Erfahrungen und Eindrücke bei Kriegsende und danach eine Rolle spielten, ist nicht mehr auseinanderzuhalten.

Immerhin hatten ungezählte deutsche Soldaten bei ihrem Einsatz an der Ostfront erlebt, daß das Land Lenins im Vergleich zu Deutschland außerordentlich rückständig war. Die Heimkehrer erzählten unglaubliche Geschichten darüber. Auch der armselige Anblick der einrückenden russischen Muschiks mit ihren Panjewägelchen hatte ein übriges getan (vor allem in Thüringen und Westsachsen, wo zuerst die Amerikaner gewesen waren). Von dieser Sowjetunion sollte nun gelernt werden? Sie sollte Vorbild sein?

Zweitens störten sich viele Menschen in der SBZ an Erscheinungen, die ihnen auf fatale Weise bekannt vorkamen: dem Absolutheitsanspruch einer Ideologie, der Intoleranz gegenüber Andersdenkenden, dem ins Groteske übersteigerten Personenkult.

Es ist außerordentlich heikel, den Kommunismus mit dem Nationalsozialismus zu vergleichen oder gar gleichzusetzen. Aber damals fielen den Menschen Parallelen auf: zwischen Hitler-Kult und Stalin-Kult, zwischen HJ-Kluft und FDJ-Kluft, zwischen dem alten Hauswart und dem neuen Hausbeauftragten. Banalitäten bisweilen, aber eben Parallelen.

Die deutschen Kommunisten kannten diese Ressentiments. Die meisten KPD-Funktionäre waren der Sowjetunion nicht nur in Dankbarkeit verbunden, sondern auf Gedeih und Verderb ausgeliefert. Aber sie wußten, daß mit dem sowjetischen Modell bei ihren Landsleuten kein Blumentopf zu gewinnen war.

Anton Ackermann, der eigentlich Eugen Hanisch hieß und aus dem »roten« sächsischen Erzgebirge stammte, kehrte 1945 als einer der führenden KPD-Funktionäre aus dem Moskauer Exil zurück. Aus seinem bewegten Leben, das von 1905 bis 1973 dauerte, wird die Geschichtsschreibung immer wieder nur dies zitieren: Im Februar 1946 veröffentlichte Anton Ackermann im Auftrag des Zentralkomitees der KPD die Theorie vom »besonderen deutschen Weg zum Sozialismus«. Diese parteiamtliche Marschroute, die auch nach der SED-Gründung zwei Monate später (zunächst) nicht korrigiert wurde, gab vielen Zweifelnden und Schwankenden die Hoffnung, es sei ernsthaft daran gedacht, sich vom »Modell Stalin« abzusetzen und einen Sozialismus eigener Prägung zu versuchen, einen demokratischen Sozialismus gar. Im September 1948 mußte Ackermann widerrufen. Fünf Jahre später, nach dem 17. Juni 1953, »flog« er als Ulbricht-Gegner aus allen Ämtern.

1948 war also die »Abweichung« beendet. Der Vorstand der SED erklärte, die schädliche Theorie bedeute ein Abgleiten in den »westeuropäischen Scheinsozialismus«. Anton Ackermann mußte sogar höchstpersönlich seinen »besonderen deutschen Weg« entlarven als »eine Konzession an die starken antisowjetischen Stimmungen in gewissen Teilen der deutschen Bevölkerung«. So schrieb er im *Neuen Deutschland* vom 24. September 1948. Bemerkenswert dabei ist allenfalls, daß diese Stimmungen immerhin erwähnt werden durften.

Die SED wurde nach dem Vorbild der KPdSU in eine »Partei neuen Typus« umgewandelt. Diese Entscheidung traf natürlich nicht die SED, sondern die KPdSU. Genauer: Stalin. Der hatte zu jener Zeit außenpolitisch seine Last mit dem Kalten Krieg und mit dem abtrünnigen Genossen Tito und wollte mit harter Hand alle weiteren »besonderen Wege« zum Sozialismus stoppen. Diese neue Generallinie bedeutete unter anderem eine Säuberung der SED von »feindlichen und entarteten Elementen« (man beachte die Wortwahl!), worunter vor allem alte Sozialdemokraten und Gewerkschafter verstanden wurden. Ungefähr 400 sogenannte »Agenten des Ostbüros der SPD« wurden verhaftet.

Was folgte, ist in die Erinnerung damaliger SBZ-Bürger eingegraben: hemmungsloser Stalin-Kult, würdelose Verherrlichung auch der geringfügigsten Vorgänge in der Sowjetunion, gebetsmühlenartiges Nachplappern jeglicher Äußerung, die erkennbar ihren Ursprung im Lande des großen Stalin hatte. Dem konnte man sich auch nicht entziehen, denn in den Betrieben und Verwaltungen waren die »Schulungsabende« Pflicht.

Es ist müßig, im nachhinein darüber zu spekulieren, wie der »besondere Weg« hätte aussehen können. Wahrscheinlich war er nie mehr als eine Propagandaformel, die in einer begrenzten Phase einen bestimmten taktischen Zweck erfüllen sollte. Dann ist es aber auch müßig, darüber zu spekulieren, ob die Bürger jener SBZ mehrheitlich einen ernsthaften Versuch tatkräftig unterstützt hätten. Es scheint jedoch, als reife auch in der Sowjetunion heute die Erkenntnis, daß da eine historische Chance vertan wurde.

»Nach Sibirien ...!«

Das ehemalige Konzentrationslager Sachsenhausen nördlich von Berlin ist heute eine würdige Gedenkstätte des Antifaschismus, wie es in der DDR viele gibt. Von den Bauten und Anlagen ist nicht mehr viel erhalten, aber das Wenige genügt, um sich die grauenvollen Zustände in diesem Lager wenigstens ansatzweise vorzustellen. Würde man die Besucher aus allen Bezirken der DDR und von weiter her fragen, wann denn dieses Lager aufgelöst wurde, so würden wohl 98 Prozent von ihnen sagen: bei Kriegsende 1945.

Bei Kriegsende wurden die wenigen Überlebenden des Lagers – soweit sie nicht von der SS noch auf einen »Todesmarsch« getrieben worden waren – von der Roten Armee befreit. Das Lager wurde jedoch nicht aufgelöst. Es diente fortan der sowjetischen Geheimpolizei NKWD als – Konzentrationslager. Bis 1950. Viele Namenlose starben in dieser Zeit, auch einer mit großem Namen: Heinrich George.

Wiederum ist es außerordentlich heikel, ein Urteil zu fällen. War es nicht verständlich und gerecht, daß die Sieger jene einsperrten, die vier Jahre lang die Völker der Sowjetunion geschunden hatten?

Aber unter den rund 130000 Insassen der verschiedenen sowjetischen Konzentrationslager in der SBZ befanden sich eben nicht nur Nazi-Verbrecher. Es konnte genügen, von mißgünstigen Nachbarn als Nazi denunziert worden zu sein. Da wurde nicht so genau geprüft. Es konnte genügen, sich als Sozialdemokrat der Zwangsvereinigung mit der KPD zur SED aktiv widersetzt zu haben; oder als Kommunist mit der Linie der SED nicht einverstanden zu sein. Es gehört zu den Geheimnissen der sowjetischen Geheimpolizei, wie viele Menschen in den Lagern starben. 50000 sollen es etwa gewesen sein.

Ebenfalls nicht bekannt ist, wie viele Deutsche aus der SBZ in die Sowjetunion »verschickt« wurden. Man spricht von 20000 bis 30000. Manche hatten bloß öffentlich einen blöden Witz über Stalin erzählt. Ihnen wurde vor den sowjetischen Militärgerichten im wahrsten Sinn des Wortes ein »kurzer Prozeß« gemacht. Die Beweislage spielte keine Rolle, Geständnisse wurden erpreßt, das Urteil stand vorher fest, das Strafmaß war einheitlich: 25 Jahre.

»Paß bloß auf, sonst gehst du nach Sibirien!« Das war damals eine gängige Warnung unter SBZ-Bewohnern. Schriftsteller wie Horst Bienek und Walter Kempowski haben beschrieben, wie diese Terrorjustiz Menschen vernichtete und politisches Porzellan zerschlug.

Zeitzeuge: Walter Kempowski

»Im Block«

»Das Kriegsende war für unsere Familie wirklich erst mal eine große Befreiung. Meine Eltern waren in der Bekennenden Kirche und hatten sehr unter den Nazis gelitten. Als dann die Rote Armee nach Rostock kam, fühlten wir uns wirklich befreit«, erinnert sich Walter Kempowski, heute einer der populärsten deutschen Autoren. Im Mittelpunkt seiner Romane stehen die eigene Familie und ihre Geschichte in der Nazizeit, im Krieg und den ersten Jahren nach 1945. »Tadellöser und Wolff«, »Uns geht's ja noch Gold« und »Im Block« wurden Anfang der achtziger Jahre vom ZDF verfilmt und ließen ein Millionenpublikum an einer Familiengeschichte teilhaben, wie sie so oder so ähnlich für viele deutsche Familien typisch ist.

»Wir fühlten uns zwar von der Roten Armee befreit, aber für die Rostocker allgemein war sofort eine Verschlechterung in der Lebensmittelversorgung spürbar – miserabel ist überhaupt kein Ausdruck. So kleine Beschiß-Sachen merkt man sich ja. Also, bei den Nazis gab's, glaub' ich, wöchentliche Zuteilungen, bei den Russen gab es dann in Dekaden – also alle 10 Tage – Lebensmittel. Nun haben aber die Monate bekanntlich oft 31 Tage, und dieser eine Tag fiel dann in der Lebensmittelversorgung praktisch weg. Ohne Schwarzmarkt und ohne Hamstern hätte man gar nicht überleben können. Geschoben hat eigentlich jeder.«

Sehr schnell begann die sowjetische Siegermacht in ihrer Zone mit der Entnazifizierung.

»Die Nazis wurden natürlich erst mal alle interniert und eingesperrt, das war auch legitim und richtig. Aber dabei blieb es ja nicht. Es wurden auch alle möglichen anderen Menschen, die während der Nazi-Zeit keine Schuld auf sich geladen hatten, verfolgt. Denunziantentum schlimmsten Ausmaßes war an der Tagesordnung. Ich erinnere mich zum Beispiel an einen damals 16jährigen Freund, der im Wald Handgranaten gefunden hatte. Die Wälder waren damals noch voll Munition. Und statt die Dinger liegenzulassen, hat er damit rumgespielt und wurde angezeigt. Wegen ›Werwolf-Tätigkeit‹ wurde er dann 1946 eingesperrt und kam erst 1955 aus der Haft frei.«

Auch Walter Kempowski sollte das Justiz- und Strafvollzugssystem in der SBZ aus eigener Anschauung kennenlernen. Er hatte Rostock im Dezember 1946 illegal verlassen und in Wiesbaden einen Job als Zivilangestellter bei den Amerikanern angenommen. Im Gepäck nahm er Frachtbriefe über Reparationslieferungen mit, die von der Reederei seiner Familie in die Sowjetunion verschifft wurden. Als Walter Kempowski Anfang März 1948 zu Besuch nach Hause kam, wurde er verhaftet.

»Meine Verhaftung hatte zwei Gründe. Es ging nicht nur um Frachtpapiere. Wir hatten ja auch noch unsere Firma, und die wollte man wohl weghaben. In der SBZ war man ja nicht pingelig, wenn die Behörden eine Möglichkeit sahen, private Unternehmen zu enteignen. Mein Bruder leitete damals die Firma. Zusammen wurden wir denunziert, morgens um 6 Uhr verhaftet und dann mit den bekannten russischen Methoden in die Zange genommen. Sie hatten es gar nicht nötig zu foltern. Schlafentzug, Verhöre nur nachts und hungern lassen, das reicht schon, dann ist man nach einer Woche windelweich.«

»Ich selbst bin aber sehr hart 'rangenommen, heute würde man sagen: gefoltert worden. In einen Wasserkarzer haben sie mich gesperrt. Die Russen wollten von mir das Geständnis erpressen, daß auch meine Mutter einer ›spionischen Tätigkeit‹ nachgegangen sei. Ich sollte also meine Mutter verraten, die von nichts gewußt hatte. Es war schon wirklich ungeheuerlich. Ich selbst habe mich nicht einmal als Spion der Amerikaner gefühlt. Ich hatte nur Einblick in Akten, aus denen hervorging, wie viele Waren die Sowjets nach Rußland schafften. Ich hatte ja nichts dagegen. Sie konnten ja rausschaffen, was sie wollten. Die Russen hatten den Krieg gewonnen, warum sollten sie sich nicht schadlos halten? Die Sowjetunion hatte schlimm genug unter den Nazis gelitten.«

»Aber ich wollte, daß die Reparationen auch irgendwie aufgeschrieben und festgehalten wurden. Das war mein rechtlicher Bürgersinn. Die Frachtbriefe habe ich deswegen an mich genommen, nicht einmal gestohlen. Die Papiere lagen in unserer Firma, und ich habe sie in den Westen geschafft.«

»Ich muß schon sagen, die Untersuchungshaft war recht viehisch. Abgesehen davon, daß mein Bruder und ich außer einem Strohsack in unseren Zellen nichts vorfanden, hungern mußten und nicht schlafen durften, wurde ich lange in Einzelhaft gehalten; die medizinische Versorgung war miserabel. Es gab keinerlei Beistand, keinen Rechtsanwalt. Wir durften nicht zum Spaziergang in den Hof, konnten nicht mal aus dem Fenster schauen. Wir kriegten kein Buch, kein Papier – es gab gar nichts. Die ganze Untersuchungshaft dauerte ein halbes Jahr. Dann kam der sogenannte ›Abschluß‹. Da wurde ich dann vom Untersuchungsoffizier vergattert: ›Also, hör mal zu. Du sagst vor dem Tribunal nicht mehr und nicht weniger, als du mir erzählt hast. Sonst beginnt alles wieder von vorn.‹ Was mir dann geblüht hätte, konnte ich mir denken.«

Die Brüder Robert und Walter Kempowski wurden vor dem »Militärtribunal der 8. Armee der sowjetischen Besatzungstruppen in Deutschland« angeklagt und nach sowjetischem Strafgesetz verurteilt.

»Vor dem Tribunal habe ich dann alles zugegeben. Diese Verhandlung war ein richtiger Affenzirkus. Da saßen fünf Offiziere in Uniform, die feilten sich die Nägel und schauten ansonsten ziemlich desinteressiert drein. Die ganze Verhandlung lief auf russisch und wurde uns übersetzt. Mein Bruder und ich saßen da ohne Verteidiger. Wir haben noch nicht einmal das Urteil in die Hand bekommen. Ich habe auch meine Akte nie gesehen. Ich kriegte nur später einen Entlassungsschein – nach acht Jahren.«

»Als dann mein Urteil verkündet wurde, da horchte ich sehr auf, weil der Richter erst drei

Jahre verhängte. ›Mensch, das ist aber sehr schön‹, dachte ich. ›Und 25 Jahre‹, sagte er dann dazu. Das war der berühmte Artikel 58, Absatz 6, nach dem mein Bruder und ich zu je 25 Jahren Zwangsarbeit verurteilt wurden. Die drei Jahre extra bekam ich wegen des illegalen Grenzübertritts, als ich in den Westen gegangen war.«

»Ich hatte Angst, wir würden jetzt ein Teil des ›Archipel Gulag‹, man würde uns nach Rußland schaffen. Doch wir hatten Glück und blieben in Deutschland. Als wir dann zwei, drei Jahre gesessen hatten, wurde uns allmählich klar, daß das Strafmaß vielleicht doch kein Spaß war. Ich hatte zumindest das Glück, die Jahre in Haft mit meinem Bruder zusammen durchstehen zu können. Wir beide saßen im Zuchthaus Bautzen. Meine Mutter, die nach uns verhaftet worden war, erhielt wegen Mitwisserschaft 10 Jahre. Sie saß zunächst im ehemaligen Konzentrationslager Sachsenhausen und später im Frauenzuchthaus Hoheneck.«

In Bautzen gab es bis zu diesem Zeitpunkt ein »Speziallager« für ehemalige Nazis. Das Zuchthaus Bautzen hat bis heute einen traurigen Ruf als eines der großen Zuchthäuser der DDR, in dem auch Regimegegner ihre Haftstrafen verbüßen.

»Bautzen war zu unserer Zeit wahnsinnig voll. Das Zuchthaus war ursprünglich eine Militärstrafanstalt, die vielleicht für zwölfhundert Häftlinge gebaut wurde. Zu meiner Zeit waren elf- bis zwölftausend Menschen da. Um Platz zu schaffen, hatte man aus den ehemaligen Fabriksälen, in denen früher die Gefangenen arbeiten mußten, die Maschinen rausgenommen und Menschen reingestopft. In jedem dieser acht Säle lebten dann etwa 400 Häftlinge. Man muß sich mal vorstellen, was das für ein Gedränge war.«

»Ich hab' das erste halbe Jahr mit meinem Bruder in einer Zelle gesessen. Dann kamen auch wir in einen dieser Riesensäle. Wir waren sogar froh darüber. Denn unter so vielen Menschen gibt es auch immer wieder Möglichkeiten, sich zu verstecken. Wir fanden dort ein paar Kumpels und haben uns in einer Ecke eingerichtet. 400 Menschen in einem Raum, das ist ein unaufhörliches Gewühle, Gerede, Geraune und Geschiebe.«

»Ein Großteil dieser Gefangenen waren Studenten und Schüler, die wegen ›Gruppenbildung‹ saßen. Das waren im Grunde Leute, die offen ihre Meinung gesagt hatten. Und schon der Besitz einer westlichen Tageszeitung reichte aus zu einer Verurteilung wegen ›Propaganda‹. Dann waren da Bauern, die ihr Soll nicht erfüllt hatten. Ein Bauer saß wegen ›Waffenbesitzes‹. Der hatte bei Kriegsende ein Flak-Geschütz in seine Scheune geschoben, weil er das Ding ausschlachten wollte. Dann saßen Professoren, Lehrer, die vor ihren Schülern etwas gegen die Kommunisten und gegen die Russen gesagt hatten. Es waren im großen und ganzen eigentlich brave Bürger.«

Walter Kempowski, sein Bruder und die anderen Gefangenen verbüßten ihre Haft in Bautzen unter Bedingungen, wie man sie sich in demokratischen Rechtsstaaten kaum vorstellen kann.

»Wenn man mal bedenkt, daß es sich dort um einen sozialistischen Staat handelte oder, am Anfang, um ein sozialistisches System, das sich dort etablieren wollte, dann muß man sich schon wundern, wie da mit Menschen umgegangen wurde. Ich habe zum Beispiel die ganzen Jahre von Trockenkohl und Salzmohrrüben gelebt. Acht Jahre hatte ich Hunger. Wir haben niemals etwa ein Ei oder einen Apfel bekommen, bis auf einen Sommer, da gab es wohl so viele Äpfel, daß sie nicht wußten, wohin damit. Aber sonst kein Obst, kein Frischgemüse, kein Salat, nichts. Und immer die gleiche Suppe mit Eingeweiden drin. Das stank aus dem Kübel heraus.«

»Wir lebten mit Flöhen und Wanzen, und dazu war die medizinische Versorgung äußerst schlecht. Viele von uns erkrankten an Tuberkulose. Alle drei Monate wurden wir geröntgt und bei 30 bis 40 pro Saal lautete dann die Diagnose: Tbc. Statt moderner Medikamente haben sie mit Hausmitteln versucht, die Gefangenen zu kurieren, aber die starben zu Hunderten.«

»Briefe und Post von draußen gab es zunächst einmal gar nicht. Meiner Mutter durfte ich die ganzen Jahre nicht schreiben. Ab und zu konnte ich ihr über den Gefängnispastor mal eine Nachricht zukommen lassen. Briefeschreiben gab's erst nach Gründung der DDR. Davor wurde die Verpflegung auch ein bißchen besser, weil die Russen uns an die Deutschen übergeben wollten.«

»Für die Neuigkeiten von draußen hatten wir zwei Quellen: Einmal die Neuzugänge, Gefangene, die ihre Strafe in Bautzen antraten. Die hatten Informationen, die ungefähr ein halbes Jahr alt waren, so lange dauerte maximal die Untersuchungshaft. Und dann bekamen wir die *Tägliche Rundschau*, das Organ der sowjetischen Besatzungsmacht. Pro Saal gab es zwei Exemplare, die wurden dann vorgelesen. Was draußen passierte, haben wir auf diese Weise mitbekommen, wenn auch stark gefiltert. Die Gründung der DDR, von der wir so erfuhren, nahmen wir nicht sonderlich ernst. Die Bundesrepublik war für uns der logische Nachfolger des Deutschen Reiches und die DDR eben illegitim.«

»Als uns dann die deutschen Wachmannschaften übernahmen, änderten sich auch unsere Haftbedingungen. Endlich war Schluß mit Flöhen und Wanzen. Aber als unglaublich ehrenrührig empfand ich, daß wir nun unsere Zivilkleider abgeben und Sträflingskleidung tragen mußten. Wir haben uns doch nie als Kriminelle, sondern als politische Straftäter verstanden.«

Die tragenden Säulen

Die Deutsche Volkspolizei ist »die erste deutsche Polizei, deren Angehörige dem werktätigen Volke entstammen und deren Aufgabe es ist, die sozialistische Gesellschafts- und Staatsordnung und ihre Bürger zu schützen, für Frieden, Sozialismus und die Interessen des Volkes zu wirken.« So heißt es in einem Lexikon der DDR.

Ihren Namen erhielt die »Deutsche Volkspolizei« schon wenige Wochen nach Kriegsende, am 1. Juni 1945. Hinter dem neuen Namen stand auch ein neues Programm: Die Polizei wurde – wie die Beamtenschaft insgesamt – von allen als belastet geltenden Personen »gesäubert«. Das erschien zunächst wie eine gründliche Entnazifizierung, doch die sowjetische Besatzungsmacht und die ihr treu ergebenen deutschen Kommunisten hatten weiter gedacht: Bereits in diesem frühen Stadium wurden die Schlüsselfunktionen der Volkspolizei mit Gefolgsleuten der Kommunisten besetzt; auch wenn sich mancher neue Ordnungshüter mehr durch Linientreue denn durch fachliche Qualifikation auszeichnete. So wies die politische Struktur der Volkspolizei im damaligen Land Sachsen zum Jahresende 1945 bereits folgende Zusammensetzung auf: 8007 Angehörige waren Mitglieder der KPD, 4965 der SPD, 149 der LDPD, 55 der CDUD; 374 waren parteilos.

Unter dem Mantel der demokratischen Erneuerung wurden auch hier bereits Eckdaten für den Umbau der Gesellschaft gesetzt. »Eine grundlegende Reform des Justizwesens wurde eingeleitet, der alte Polizeiapparat völlig zerschlagen und aus klassenbewußten Arbeitern eine demokratische Polizei formiert, die den Interessen der Werktätigen diente«, heißt es im Lexikon.

Und auch die Mitarbeiter der illegalen Apparate der KPD, teilweise schon in den zwanziger Jahren gegründet, standen 1945 bereit. Galt ihre Arbeit bisher der »Revolution«, bekämpften sie nun die »Konterrevolution« in der SBZ. Mit dem Befehl Nr. 201 der SMAD vom August 1947 erhielt die Volkspolizei Vollmachten, die bisher den Sowjets vorbehalten waren: die Arbeit als politische Polizei.

Auf allen Polizeidienststellen bis hinunter zur Kreisebene wurde ein spezielles Kommissariat, das »K5«, gebildet. Seine Mitarbeiter, von den sowjetischen Sicherheitsorganen besonders auf ihre politische Zuverlässigkeit überprüft, nahmen eine Sonderstellung innerhalb der Kriminalpolizei ein. Beschränkte sich ihre Aufgabe zunächst offiziell noch auf die Entnazifizierung, so trat bald die Bekämpfung der »Gegner des demokratischen Aufbaus« in den Vordergrund.

In der Bevölkerung waren die Männer der »K5« bald genauso gefürchtet wie ihre Kollegen von den sowjetischen Sicherheitsorganen, denen auch sie unterstanden. »K5« sollte der Vorläufer eines noch gefürchteteren Apparates werden, des »Ministeriums für Staatssicherheit«. Es entstand vier Monate nach Gründung der DDR und ist das Instrument, mit dem die SED ihre Macht seit 40 Jahren sichert.

Klassenjustiz

Im September 1945 nahm die SMAD mit ihrem Befehl Nr. 49 die Entnazifizierung und Neuorganisation des Justizapparats in Angriff.

Justiz ist nach marxistischer Auffassung immer »Klassenjustiz« – jedenfalls bis zur Abschaffung der Klassen auf dem Weg in den Kommunismus. Auch wenn man dem nicht folgt, wird man einräumen müssen, daß Gerechtigkeit kein absoluter Wert ist und Gerichte sehr wohl gesellschaftlichen und politischen Einflüssen und Zwängen unterworfen sind. Die deutschen Kommunisten zum Beispiel hatten ja nicht nur – mit anderen – die verheerende Erfahrung totaler Rechtlosigkeit im »Dritten Reich« gemacht. Schon in der Weimarer Republik waren auffällige Unterschiede zutage getreten bei der gerichtlichen Ahndung politisch motivierter Straftaten, je nachdem, ob ein Kommunist einen Nazi erschossen hatte oder – was viel häufiger vorkam – ein Nazi einen Kommunisten.

Auf kaum einem Gebiet der öffentlichen Verwaltung wurde in der SBZ ab 1945 so »aufgeräumt« wie im Justizapparat. Wollte der Alliierte Kontrollrat in ganz Deutschland nur die ehemaligen »aktiven« Mitglieder der NSDAP aus der Justiz verbannen, so warf die SMAD in der SBZ alle hinaus, einschließlich derer, die nicht in der Partei, aber in anderen NS-Organisationen gewesen waren. Das bedeutete, daß rund 85 Prozent der Richter und Staatsanwälte gehen mußten.

Ersetzt wurden sie, analog zum Vorgehen im Schulwesen, vor allem durch »Volksrichter«, die im Schnellverfahren ausgebildet wurden. Daher entfiel meistens schon von vornherein, was man sich von gut ausgebildeten Juristen wenigstens erhofft, auch wenn die Geschichte viele Enttäuschungen kennt: Unabhängigkeit.

Der Justizapparat der SBZ und später auch der DDR wußte, wozu er geschaffen war: Beseitigung der Überreste des Nationalsozialismus – das wurde im ganzen konsequenter erledigt als im Westen Deutschlands. Rechtsprechung als Mittel der gesellschaftlichen Umgestaltung – das funktionierte ziemlich perfekt, wie die ungezählten Verfahren wegen »Wirtschaftsvergehen« beweisen, mit denen nichts anderes erreicht werden sollte als die Beseitigung privaten Eigentums an Produktionsmitteln. Sicherung der politischen Macht – das gelang durch zahlreiche Schauprozesse nach sowjetischem Vorbild.

Die DDR durfte sich später rühmen, im Gegensatz zur Bundesrepublik Deutschland keine Probleme mit Staatsanwälten und Richtern zu haben, die sich im »Dritten Reich« über das vertretbare Maß hinaus kompromittiert hatten. Aber die neue Justiz der DDR war nicht, was sich die Opfer der Nazi-Richter für die Zeit nach Hitler ausgemalt hatten.

Zeitzeuge: Albert Paul
Alltag eines Strafverteidigers

Dr. Dr. Albert Paul, Jahrgang 1914, heute ein erfolgreicher Rechtsanwalt in Frankfurt am Main, hatte sein Studium während des Krieges abgeschlossen, ehe er als Soldat an die Ostfront mußte. Bei Kriegsende geriet er in amerikanische Gefangenschaft und wurde im Sommer 1945 entlassen.

»Der amerikanische Captain fragte mich, wohin ich wolle. Als ich ihm sagte, meine Familie lebe in Eisenach in Thüringen, riet er mir, lieber nach Hessen zu gehen. Ich wußte noch gar nicht, was das bedeuten sollte. Der Offizier durfte mir damals nicht sagen, daß die Amerikaner zum 1. Juli 1945 Thüringen für die Russen räumen würden.«

Albert Paul kehrte trotz der Warnung nach Eisenach zurück, wo seine Frau mit ihren Eltern und dem neugeborenen Sohn lebte. Der Schwiegervater vermittelte den jungen Anwalt in die Kanzlei eines Dr. Lotz, den die Amerikaner als Oberbürgermeister eingesetzt hatten.

Bis zu seiner Flucht im Februar 1953 arbeitete Albert Paul als Strafverteidiger in der Sowjetischen Besatzungszone und späteren DDR. Er vertrat Mandanten vor politischen und Wirtschaftsstrafkammern, darunter auch Kommunisten der ersten und zweiten Garnitur, die sich sogenannter Wirtschaftsverbrechen schuldig gemacht hatten. Die Erfahrungen Albert Pauls erklären auch, warum die Wirtschaft nicht richtig auf die Füße kam, warum Initiative und Risikobereitschaft so schnell nachließen.

»Es war ja drüben damals alles kontingentiert. Waren konnte man nur mit Bezugsscheinen bekommen. Das galt auch für die Industrie. Aber es gab einige weitsichtige Referenten in den Verwaltungen und Betrieben, die erkannten, daß sie ›kompensieren‹ mußten, wenn ihre Betriebe produzieren wollten. Wenn also zum Beispiel eine Firma den Auftrag bekam, Reifen in Übergrößen herzustellen, brauchte sie eine besonders starke Leinwand. Die gab's in der Zone nicht so leicht. Also wurde mit einem anderen Betrieb getauscht: fertige Reifen gegen Leinwand.«

»Oder ein Beispiel aus einer Kali-Grube: Da gab es Sicherheitsbestimmungen, doch die konnte der Betrieb ohne das nötige Grubenholz nicht einhalten, und Grubenholz gab es nicht. Also hat der zuständige Mann in der Grubenverwaltung dafür gesorgt, daß Kali schwarz geliefert wurde gegen Holz für die Stollen. Eine strafbare Handlung. Das haben die entsprechenden Leute auf ihre eigene Kappe genommen. Aber wenn sich dann einer aus irgendeinem Grunde unbeliebt gemacht hatte, war er dran. Dann hieß es: ›Der hat schwarz geliefert und schwarz bezogen. Nach dem Wirtschaftsstrafgesetz ist das Sabotage, also wird der Mann angeklagt‹.«

»Die anderen, die so etwas nicht mitgemacht haben, konnten aber das vorgegebene Soll nicht erfüllen und wanderten dafür ebenfalls in den Knast. 15 Jahre Zuchthaus waren das übliche Strafmaß. Später wurden die meisten zwar begnadigt, aber sieben, acht Jahre haben sie gesessen.«

»Genauso ging es übrigens den Bauern: Deren Ablieferungsbestimmungen nahmen keine Rücksicht auf die Witterung oder die Güte des Bodens. Denen wurde einfach ein Soll aufgebrummt, und wer es nicht erfüllte, wurde verhaftet, der Hof enteignet.«

Grundlage für diese Maßnahmen war eine Entwicklung des Rechtssystems in der SBZ, deren Hintergründe Albert Paul durch einen Freund der Familie erfuhr. Professor Rudolf Paul, ein zufälliger Namensvetter, war vom Kriegsende bis zu seiner Flucht 1947 Präsident des Landes Thüringen.

»Ursprünglich hatte die sowjetische Besatzungsmacht ihre Besatzungszone dezentralisiert und die einzelnen Länder stark gemacht. Doch als sie merkten, daß die bürgerlichen Politiker an den Spitzen dieser Länder, so wie Rudolf Paul, bremsten, die Rechtsstaatlichkeit einzuhalten versuchten und gegen Befehle intervenierten, die gegen das deutsche Rechtsempfinden gingen, wurde die Zentralverwaltung gegründet, mit der die Sowjets direkt in die Länder hineinregierten. Die SED war dabei übrigens eine reine ›Schautruppe‹ für die Russen. Die haben alles gemacht, was von ihnen verlangt wurde.«

»Den führenden Leuten der demokratischen Parteien, worunter ich die LDPD und die CDU verstehe, waren anfangs demokratische Verhältnisse versprochen worden, und sie waren gutgläubig. Aber dann wurde der Druck so stark, daß viele gegangen sind. Jakob Kaiser von der CDU ist so ein Fall oder Rudolf Paul – der war ja der erste, der in den Westen gegangen ist.«

»Im Justizwesen hat man zwar nach außen versucht, den Anschein von Rechtsstaatlichkeit und richterlicher Unabhängigkeit zu wahren, wenn auch in den Schaltstellen schon SED-hörige Richter und Staatsanwälte saßen. Und wenn der Vorsitzende Richter in einem Fall eben beschlossen hatte, daß mein Mandant 10 Jahre Zuchthaus bekommt, dann konnte ich als Verteidiger mit Engelszungen plädieren, es führte kein Weg an der Verurteilung vorbei.«

Zu den führenden Juristen dieser Jahre gehörte Hilde Benjamin. Sie leitete die meisten Schauprozesse, die die SED mit ihren Regime-Gegnern veranstaltete. 1953 sollte sie Justizministerin der DDR werden.

»Hilde Benjamin, die ›rote Hilde‹, wie wir sie damals nannten, mag gewesen sein, wie sie will. Sie war zwar völlig dem SED-Regime verfallen und tat alles, um seine Macht zu sichern und zu festigen. Aber sie war eine äußerst intelligente Frau, die ihre Akten besser kannte als jeder andere am Prozeß Beteiligte.«

»Ich erinnere mich an einen Fall, der unter ihrem Vorsitz verhandelt wurde; sie war ja erste Vorsitzende der politischen Strafkammer in Ost-Berlin. Ich sprach vor der Urteilsverkündung noch einmal mit ihr, und da sagte sie mir, daß sie meine Strategie zur Verteidigung meines Mandanten verstünde, aber das helfe ihm doch gar nichts. ›Sie wissen doch genau, da kommt ein Urteil 'raus, das Sie sich aufgrund Ihrer Erfahrungen an den fünf Fingern abzählen können. Machen wir doch einen Kompromiß: Stellen Sie Ihren Mandanten als reuigen Sünder vor, der seine Fehler einsieht, der aus einer falschen Einstellung heraus die Entwicklung nicht mitbekommen hat, und ich garantiere Ihnen, daß er zu fünf, sechs Jahren verurteilt wird und nach zwei Jahren entlassen wird‹.«

»Da stand man als Anwalt natürlich vor einer schwierigen Situation. Ich wußte beim ersten Mal nicht, ob ich ihr glauben konnte oder ob sie mich im Zweifel mit einsperren lassen wollte, damit ich die vertrauliche Vereinbarung nicht nach draußen tragen konnte. Aber heute muß ich sagen, sie hat ihr Wort in allen Fällen gehalten. Wenn die Mandanten in der Haft kein Theater machten, kamen sie nach anderthalb, zwei Jahren 'raus und gingen in den Westen.«

»Wie es zu den Urteilen kam, hatte ich schnell herausbekommen: Das sowjetische Oberkommando in Karlshorst hat schlicht die Urteile befohlen, und die Gerichte waren die ausführenden Organe. Ich habe sogar erlebt, wie Dokumente während der Verhandlung verschwanden, die meinen Mandanten entlasten sollten. Und der Kriminalrat, den ich im Gerichtssaal auf das fehlende Beweisstück ansprach, schaute mich nur an und sagte: ›Ich hab' nie ein solches Dokument gesehen.‹ Weg war's!«

»Aber so ging es mir als Verteidiger ja nicht nur mit dem von der Besatzungsmacht bestellten deutschen Justizapparat. 1947 oder 1948 wurde ich zur sowjetischen Kommandantur in Eisenach wegen eines Mandanten befohlen. Die Akte sollte ich mitbringen. Ich kam also zur Kommandantur rein und wurde zu einem NKWD-Mann geführt.

›Referieren Sie mir den Fall. Warum vertreten Sie den Mandanten und warum belasten Sie den und den?‹

Nachdem ich sachlich vorgetragen hatte, fragte mich der Russe: ›Und Sie glauben, daß Ihr Mandant im Recht ist?‹

›Ja, davon bin ich überzeugt, sonst würde ich ihn nicht vertreten.‹

Da nahm er meine Akte, zerriß sie und schmiß alles in den Papierkorb. ›Sind Sie nun beruhigt?‹

›Ja‹, sagte ich, ›völlig beruhigt.‹

Der NKWD-Mann schaute mich verdutzt an und fragte: ›Wieso?‹

›Von allen Akten gibt es Duplikate beim Staatsanwalt und bei Gericht. Die müssen Sie auch noch zerreißen, sonst nützt das nichts.‹

Die deutsche bürokratische Rechtstradition hat in diesem Fall ausnahmsweise Schlimmeres verhindert. Aber generell waren meine Möglichkeiten als Verteidiger doch sehr beschränkt. Nur gute Kontakte zu Richtern und Staatsanwälten ermöglichten mir, etwas für meine Mandanten zu tun, die Urteile manchmal zu mildern, die meist schon vor Beginn der Verhandlung feststanden.«

Die Farben der bürgerlichen Revolution von 1848 und der Weimarer Republik sollen auch die Farben der künftigen deutschen Republik sein. Das beschließt der »Deutsche Volksrat« im Juni 1948. Von links nach rechts: Wilhelm Pieck, der CDUD-Vorsitzende Otto Nuschke und der LDPD-Vorsitzende Hermann Kastner.

Schritte zur Spaltung. Nach der Währungsreform in den Westzonen ordnet die SMAD sofort die Ausgabe von »Ostmark« an. Das »Kopfgeld« ist mit 70 Mark höher als im Westen – aber eben in »Ostmark«.

Wie alle politischen Entscheidungen, die letztlich in die Spaltung Deutschlands münden, sind auch die neuen Währungen Anlaß, die Menschen in der SBZ und in Ost-Berlin auf die Straße zu bringen.

Die »spontane« Empörung gegen die Währungsreform im Westen dient auch als Rechtfertigung der Blockade West-Berlins durch die Sowjetunion.

Die Spaltung Berlins. In dieser Massenversammlung am 30. November 1948 im Ost-Berliner Admiralspalast wird der bisherige Magistrat von Groß-Berlin für abgesetzt erklärt. Ein neuer Magistrat unter Friedrich Ebert wird von der SMAD anerkannt.

Ernst Reuter wird zur Symbolfigur für das »freie Berlin«. Am 9. September 1948 fordert er vor Hunderttausenden am Reichstag »Freiheit für den Ostsektor!«. Drei Tage zuvor ist die Mehrheit der bislang gemeinsamen Stadtverordnetenversammlung unter Protest nach West-Berlin übergesiedelt.

*Die Berliner Blokkade – eine wichtige Etappe auf dem Weg in die deutsche Teilung.
Beginn und Ende symbolisieren diese Fotos: Nach dem Auszug aus dem Alliierten Kontrollrat läßt die Sowjetunion auch vor der Alliierten Kommandantur in Berlin ihre Fahne einholen. Nach fast einem Jahr werden am 12. Mai 1949 die Grenzübergänge an den Transitstrecken nach Berlin wieder geöffnet.*

Wahlkampf 1949: Parolen in Berlin und Dresden. Im Mai wird der »III. Deutsche Volkskongreß« gewählt. Erstmals können die Wähler nicht mehr für verschiedene Parteien stimmen, sondern nur noch für eine Einheitsliste.

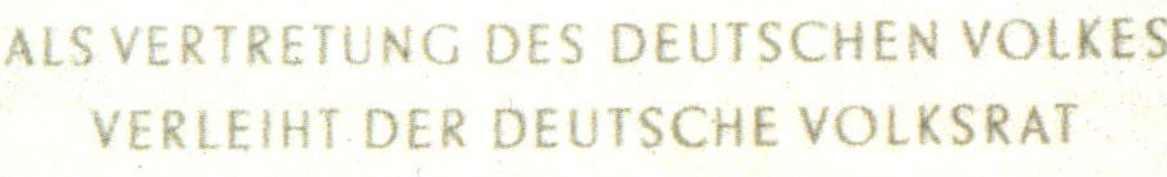

ALS VERTRETUNG DES DEUTSCHEN VOLKES
VERLEIHT DER DEUTSCHE VOLKSRAT

HERRN HEINRICH MANN

FÜR SEIN LITERARISCHES GESAMTWERK, BESONDERS FÜR DIE BÜCHER »PROFESSOR UNRAT«, »DER UNTERTAN« UND »EIN ZEITALTER WIRD BESICHTIGT«

DEN DEUTSCHEN NATIONALPREIS 1949

I. KLASSE
FÜR KUNST UND LITERATUR

IN DANKBARER ANERKENNUNG FÜR DIE HERVORRAGENDE MITWIRKUNG AN DER ENTWICKLUNG DER DEUTSCHEN KULTUR

BERLIN, DEN 25. AUGUST 1949

DAS PRÄSIDIUM DES DEUTSCHEN VOLKSRATS

DIE VORSITZENDEN

DEUTSCHE WIRTSCHAFTSKOMMISSION

VORSITZENDER

AUSSCHUSS ZUR VERLEIHUNG DER NATIONALPREISE FÜR KUNST UND LITERATUR

DEUTSCHE VERWALTUNG FÜR VOLKSBILDUNG

PRÄSIDENT

Nationalpreis für Heinrich Mann. Noch vor Gründung der DDR verleiht der »Deutsche Volksrat« am 25. August 1949 in Weimar »Deutsche Nationalpreise«. Die Urkunde trägt die Unterschriften von fünf Parteivorsitzenden: Pieck, Nuschke, Kastner, Bolz und Goldenbaum.

Sehr provisorisch wirkt der erste Stander für den Dienstwagen des Staatspräsidenten der DDR, Wilhelm Pieck. Als Provisorien betrachten sich zunächst beide deutsche Staaten, die 1949 gegründet werden. Jeder will Kern eines künftigen gesamtdeutschen Staates sein.

Sowjetisches Ehrenmal in Berlin-Treptow.
Vier Jahre nach Kriegsende, am 8. Mai 1949, wird die monumentale Gedenkstätte für die bei der Befreiung Berlins gefallenen Sowjetsoldaten eingeweiht. Auf dem Ehrenmal die über elf Meter hohe Figur eines Rotarmisten, auf seinem Arm ein gerettetes deutsches Kind.

Von der Antifa zur Volksdemokratie

Die deutsche Teilung war nicht hausgemacht. Sie entwickelte sich aus dem wachsenden Dissens zwischen den westlichen Siegermächten unter Führung der Vereinigten Staaten einerseits und der östlichen Siegermacht Sowjetunion auf der anderen Seite.

Ost und West entwickelten in ihren Besatzungszonen ihre wirtschaftlichen und politischen Rahmenbedingungen unter tatkräftiger, wenn auch untergeordneter Mitwirkung deutscher Politiker. Während im Westen, auf dem Gebiet der späteren Bundesrepublik, die Grundlagen einer bürgerlichen Demokratie, mit durchaus auch restaurativen Tendenzen, geschaffen wurden, entstanden in der SBZ politische Strukturen, die völlig neu für ein Gemeinwesen auf deutschem Boden waren: »Erster Arbeiter- und Bauernstaat« nennt sich die DDR.

Als letzte gemeinsame Anstrengung deutscher Politiker, die drohende Teilung zu verhindern, kann man die Münchener Ministerpräsidenten-Konferenz vom Juni 1947 ansehen. Alle deutschen Länderchefs aus der Ostzone und den Westzonen sollten über die katastrophale Lage der deutschen Bevölkerung beraten. Doch die gesamtdeutsche Tagung scheiterte. Es schien, als seien beide Seiten schon auf Teilung programmiert. Die westdeutschen Regierungschefs waren nicht bereit, als erstes über die »Bildung einer deutschen Zentralverwaltung« zu verhandeln. Die Länderchefs aus der SBZ reisten vorzeitig und ohne Ergebnisse ab.

Ohne daß sie darüber sprachen, entwikkelte sich zwischen den führenden Politikern in Ost und West die große Koalition der »Spalter«. Hatten westdeutsche Politiker die Ostzone schon aus wirtschaftlichen und ideologischen Gründen abgeschrieben, so setzten sich in der SBZ diejenigen Kommunisten unter Walter Ulbricht durch, die auf die Machterhaltung und die gesellschaftliche Umgestaltung setzten. In ihren Augen konnten alle Versuche, die Einheit zu retten, nur ihr eigentliches Ziel gefährden: die »Volksdemokratie«, wie sie auch in den anderen Staaten Osteuropas nach sowjetischem Muster eingeführt wurde.

Zur »Volksdemokratie« gehörte meistens ein Ein-Parteien-System. In der SBZ wurde ein Mehr-Parteien-System aufgebaut, das in Wahrheit ein verkapptes Ein-Parteien-System ist. Die »Einheitsfront der antifaschistisch-demokratischen Parteien«, in der sich schon im Juli 1945 KPD, SPD, CDUD und LDPD zusammenschlossen, sollte zunächst alle Demokraten im Kampf gegen die Überreste des Nazismus und für den Aufbau eines demokratischen Rechtsstaates vereinen. Doch aus dem Zusammenschluß entwickelte die SED sehr schnell ein Korsett, das ihr zur Umgestaltung des Parteiensystems diente. Dies um so mehr, als sie den Anspruch erhob, das gesellschaftliche Gesamtinteresse zu vertreten.

Erste schwere Belastungsproben erlebte der Antifa-Block bei der Vorbereitung der Bodenreform und der Industriereform. Anläßlich der Gemeindewahlen und der Landtagswahlen im Herbst 1946 mußten die beiden bürgerlichen Parteien dann erfahren, wie die SMAD die SED unterstützte. So verweigerte sie vielfach die Registrierung von Ortsgruppen der bürgerlichen Parteien und verhinderte damit ihre Kandidatur. Aus allen Wahlen ging die SED als stärkste Partei hervor. Wenn ihr auch in zwei Landesparlamenten die Mehrheit fehlte, weil CDUD und LDPD zusammen besser abschnitten, besetzte die SED in allen fünf Ländern der SBZ die wichtigsten Regierungsposten.

Weiter geschwächt wurde die Position der bürgerlichen Parteien, als sich ab August 1948 zunächst der FDGB und später auch noch die FDJ und der Demokratische Frauenbund Deutschlands (DFD) dem Antifa-Block anschlossen: Massenorganisationen, in denen die SED den Ton angab, die die Vorherrschaft der SED sicherten. Damit sollte das Parteiensystem der SBZ endgültig zugunsten der SED verändert werden.

Schwer erschüttert wurde das Gefüge innerhalb des Antifa-Blocks bereits Ende 1947. Die SED hatte den Plan eines »Volkskongresses für Einheit und gerechten Frieden« entwickelt. Zum einen sollte dieser Kongreß die Position der Sowjetunion auf der Konferenz der Alliierten Außenminister unterstützen, die sich im November/Dezember 1947 in London trafen, zum anderen plante die SED mit dieser nationalen Kampagne, in Westdeutschland Kräfte zu mobilisieren, die eine Teilung Deutschlands ablehnten.

CDUD und LDPD wurde der Plan von den Einheitssozialisten vorgelegt, er fand aber nur bei den Liberalen Zustimmung. Die CDUD-Führung unter Kaiser und Lemmer lehnte es ab, den Volkskongreß mitzutragen. Eine nationale Bewegung, die nur von den Parteien der SBZ getragen werde, argumentierten sie, werde sich in den Westzonen nicht durchsetzen. Dieses Argument mußte für die SED um so schwerer wiegen, wenn nicht einmal alle SBZ-Parteien ihre Idee unterstützten.

Doch es gelang, andere führende CDUD-Politiker wie Otto Nuschke für den Kongreß zu mobilisieren und so die Parteispitze zu spalten. Nuschke qualifizierte sich mit seinem Schritt für die SMAD zum neuen CDUD-Vorsitzenden, Lemmer und Kaiser wurden abgesetzt. Die Ost-CDU, die bisher versucht hatte, ihre Eigenständigkeit zu wahren, paßte sich nun zunehmend dem SED-Kurs an. Auch die LDPD konnte, trotz Zustimmung zum Volkskongreß, dem Sog der SED nicht entgehen.

Insgesamt wurden drei Volkskongresse gewählt; zuletzt im Mai 1949, erstmals nach einer Einheitsliste. Trotz aller Manipulationen stimmten nur 66 Prozent der Wähler für diese Liste. Aus dem so gewählten Volkskongreß ging der »Deutsche Volksrat« hervor, der sich am 7. Oktober zur »Provisorischen Volkskammer« konstituierte.

Zeitzeuge: Wladimir Semjonow

Ein Resümee

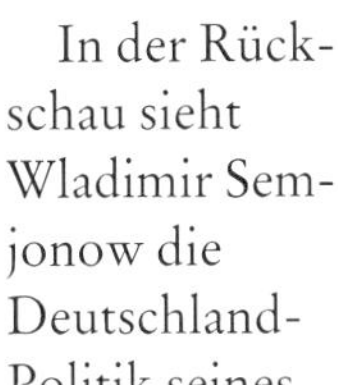

In der Rückschau sieht Wladimir Semjonow die Deutschland-Politik seines Landes als erfolgreich an.

»Die Erfolge liegen in den antifaschistischen Reformen. Sie würden ihren Sinn auch im Falle einer Wiedervereinigung Deutschlands beibehalten. Hinter diese Reformen könnte man nicht mehr zurück. Sie sind festgeschrieben. Aber es hat auch Fehler gegeben. Wenn ich die Arbeit im Alliierten Kontrollrat analysiere, stelle ich fest, daß wir dort vielleicht nicht genügend Elastizität und Weitsicht gezeigt haben. Zum Beispiel war die Berliner Blockade eine fehlerhafte Politik. Ich war damals nicht damit einverstanden. Aber auch die Amerikaner haben Fehler gemacht. Die amerikanische Administration hatte ihren Kurs nach dem Tode Roosevelts geändert. Die Politik, die sein Nachfolger Truman verfolgte, verließ die gemeinsame Basis des Potsdamer Abkommens. Aber im großen und ganzen war unsere Politik erfolgreich, nicht nur für die Sowjetunion, sondern auch für den Frieden in Europa.«

Die Sowjetunion hatte durch den deutschen Überfall große Verluste erlitten. 1945 stellte sie den besiegten Deutschen hohe Reparationsforderungen.

»Wir hatten ein Recht auf Entschädigung, aber als wir sahen, daß die westlichen Alliierten uns nicht mehr unterstützten, um unsere Reparationsforderungen in ganz Deutschland zu erfüllen, und als dann in den Westzonen der Marshall-Plan eingeführt wurde, haben auch wir unsere Reparationsforderungen in der SBZ zurückgeschraubt.«

Trotzdem mußte die Sowjetische Besatzungszone zur Wiedergutmachung der von Deutschen angerichteten Schäden ungleich mehr beitragen als die Westzonen, die in den Genuß der amerikanischen Marshall-Hilfe kamen. Das Angebot, den Marshall-Plan auf den Osten auszudehnen, lehnte Moskau ab.

»Der Marshall-Plan war ein Plan, Westdeutschland in den Nordatlantischen Pakt zu verwickeln. Hätten auch wir an diesem Plan teilgenommen, hätten wir auf unsere Unabhängigkeit verzichten müssen. Das war nicht annehmbar.«

Mit Gründung der DDR wurde die SMAD aufgelöst. Als Nachfolgeinstitution übernahm die Sowjetische Kontrollkommission ihre politische Funktion. Am 10. Oktober 1949 übertrug Semjonow der Provisorischen Regierung der DDR die Verwaltungsfunktionen.

»Ich glaube, daß die Zeit dazu reif war. Und die weitere politische Entwicklung ist ja bekannt. Wir haben wiederholt Vorschläge für ein einheitliches demokratisches Deutschland gemacht. Aber unsere Vorschläge wurden abgelehnt. Die Tatsachen sprechen ganz klar dafür, daß unsere Linie in dieser Frage aufrichtig und ehrlich war. Aber die Linie der anderen Seite hat zur Spaltung geführt. Es ist nicht unsere Schuld.«

Wolfgang Leonhard
Schritte zur Spaltung

»Die sowjetische Deutschlandkonzeption wurde schon gegen Ende des Krieges, ab 1943 bis ins Frühjahr 1945, ausgearbeitet. Sie ging als entscheidende Priorität von einer langfristigen Zusammenarbeit mit den westlichen Alliierten und einem Gesamtdeutschland aus. Für alle Fälle aber wurde bereits damals in Umrissen eine zweite Konzeption ausgearbeitet, falls die erste sich nicht verwirklichen ließe. Im Mittelpunkt der zweiten Konzeption stand die Festigung des eigenen Besitzstandes in den Ländern Osteuropas und in der Sowjetzone Deutschlands.

Die deutsche Frage im Sinne eines einheitlichen demokratischen deutschen Staates stand anfangs vor allem aus drei Motiven im Vordergrund. Zum einen ging man davon aus, die Vernichtung von Nazismus und Militarismus in Deutschland werde sehr lange dauern und nur möglich sein in gemeinsamer Arbeit mit den westlichen Alliierten. Die zweite Prämisse war, daß man nur gemeinsam mit den westlichen Alliierten die notwendigen Friedensverträge mit Bulgarien, Rumänien, Ungarn und anderen osteuropäischen Ländern erreichen und damit den eigenen Besitzstand dort legitimieren könne. Und schließlich hoffte die Sowjetunion damals noch, Reparationen im Wert von zehn Milliarden aus den Westzonen zu bekommen. Es waren also wichtige nüchterne Erwägungen, die die Sowjetunion bewogen, am Anfang wirklich für ein einheitliches Deutschland zu sein.

Die ersten Schwierigkeiten kamen im Herbst 1945 mit den Wahlniederlagen der Kommunisten in Österreich und sogar im sowjetisch besetzten Ungarn und der Befürchtung, daß die antifaschistisch-demokratische Entwicklung vielleicht doch nicht so leicht vonstatten gehen würde. Gleichzeitig stellte sich in der Sowjetzone Deutschlands heraus, daß die Sozialdemokraten wohl stärkste politische Kraft würden. Daher forcierte man die Bildung einer Einheitspartei.

Am 5. März 1946 folgte die Rede von Churchill in Fulton über den »Eisernen Vorhang«, den die Sowjetunion in Europa herunterlasse. Das wurde in Moskau sehr stark vermerkt. Am 13. März – was häufig übersehen wird – antwortete Stalin und nannte Churchill einen Hetzer des dritten Weltkriegs. Das waren schon Alarmzeichen. Aber noch wurde die Gemeinsamkeit betont.

Entscheidend wurden die Ereignisse im Frühjahr 1947. Der Kalte Krieg deutete sich schon an. Die sowjetische Führung beschritt nun immer deutlicher den Weg der Sowjetisierung und Stalinisierung der Länder Osteuropas. Umgekehrt wurden von März bis Juni 1947 in allen westlichen Ländern die kommunistischen Minister aus den Regierungen entfernt: in Frankreich, Italien, Belgien, Dänemark, Norwegen, Island.

Ebenfalls im Juni 1947 lehnte die sowjetische Führung den amerikanischen Marshall-Plan für Europa ab, aus der Furcht heraus, der sowjetische Besitzstand in Osteuropa könnte ökonomisch und auch politisch gefährdet werden. Die Moskauer Ablehnung geschah unter schärfsten Vorwürfen gegen die USA. Das war für alle ein Zeichen, daß nun eine härtere Gangart beschlossen war.

Ebenfalls im Juni 1947 fand die geheime Reise von vier SED-Führern – Pieck, Grotewohl, Ulbricht, Fechner – zu Stalin statt. Dabei erklärte ihnen der sowjetische Generalsekretär, die Einheit Deutschlands stehe in weiter Ferne. Es komme jetzt darauf an, in der Sowjetzone Deutschlands den Kampf gegen die Reaktionäre zu verstärken.

Und nochmal Juni 1947: Münchener Konferenz der Ministerpräsidenten aus West und Ost mit der klaren Erkenntnis, daß die Mehrheit der sowjetzonalen Vertreter es gar nicht ernst meinte mit der Einheit, sondern durch weit überzogene Forderungen die Konferenz schon im Vorfeld zum Scheitern bringen wollte.

Im September 1947 wurde das »Kommunistische Informationsbüro« gegründet, eine verkleinerte Neuauflage der »Kommunistischen Internationale«. Und Schdanow, der Leiter des »Kominform«, proklamierte die neue Konzeption von den zwei Lagern. Also nicht mehr antifaschistische Front, sondern ein kapitalistisch-imperialistisches Lager auf der einen und ein demokratisch-sozialistisches Friedenslager unter Führung der Sowjetunion auf der anderen Seite.

Im Frühjahr 1948 wurde diese neue Entwicklung immer deutlicher. Im Februar fand der kommunistische Umsturz in der Tschechoslowakei statt, bald darauf folgte der Ausschluß Jugoslawiens aus dem Ostblock als ganz entscheidende Warnung an andere. Und in Deutschland: Am 20. März 1948 verließ Marschall Sokolowskij den Alliierten Kontrollrat in Berlin. Damit war die letzte gemeinsame Klammer für die Leitung Deutschlands unter den Alliierten zerbrochen worden. Es folgte, nach der westlichen Währungsreform im Juni 1948, die Berliner Blokkade.

Im Oktober 1948 wurde in der SED die Parität zwischen Kommunisten und Sozialdemokraten abgeschafft und ersetzt durch die Formel 7:2, also sieben Kommunisten und zwei ehemalige Sozialdemokraten. Damit waren die Weichen gestellt. Es wurde der Marxismus-Leninismus eingeführt in die SED, die Abkehr vom eigenständigen Weg zum Sozialismus, totale Angleichung an das stalinistische System der Sowjetunion. »Von der Sowjetunion lernen heißt siegen lernen.«

Seit dieser Zeit lief die Stalinisierung der Sowjetischen Zone Deutschlands mit dem klaren Ziel eines deutschen Separatstaates, der dann im Oktober 1949 unter dem Namen Deutsche Demokratische Republik gegründet wurde.

Zeitzeuge: Dieter Borkowski
Die Gründung

Dieter Borkowski, der 1945 als Soldat in Berlin die Kapitulation erlebt hatte, trat zwei Jahre später der FDJ bei und wurde später auch Mitglied der SED. Als junger Reporter erlebte er die Gründungsphase der DDR aus nächster Nähe mit. »Ab etwa 1948 sprach Erich Honecker von einer Deutschen Demokratischen Republik, die demnächst zu gründen sei und die die besten Traditionen des deutschen Volkes widerspiegeln sollte: ein Deutschland der Gerechtigkeit und des Friedens. Nie wieder Militarismus, nie wieder Krieg, nie wieder eine Uniform, nie wieder ein Gewehr. Ein Deutschland im Geiste der Geschwister Scholl, im Geiste der besten Menschen, die gegen Hitler gekämpft hatten, zu denen er sich auch rechnete.«

»An dieses Deutschland glaubte ich als junger Mensch. Ich war damals zwanzig Jahre alt. Und ich freute mich über die Versprechungen von Freiheit, Bürgerrechten und Demokratie. Ich glaubte an das Symbol der schwarz-rot-goldenen Fahne, an die Tradition von Heinrich Heine, Georg Büchner und auch von Karl Marx: eben ein Deutschland des sozialen Friedens und der sozialen Gerechtigkeit, in dem es nie wieder Kriegstreibern gestattet sein sollte, das deutsche Volk zu militarisieren und irgendwo ›Lebensraum‹ zu erkämpfen.«

Als die Deutsche Demokratische Republik im Oktober 1949 entstand, war Dieter Borkowski FDJ-Funktionär in West-Berlin, studierte und wurde zum Rundfunkreporter ausgebildet. Für den Hörfunk war er auch Beobachter der Tagungen des Deutschen Volkskongresses 1949.

»Dieser Volkskongreß, der ja im Frühjahr 1949 aus recht seltsamen Wahlen hervorgegangen war, tagte originellerweise immer im großen Saal des ehemaligen Propagandaministeriums am Wilhelmplatz, also in Berlin-Stadtmitte, wo nur noch wenige Häuser standen. Gegenüber war die Ruine von Hitlers Reichskanzlei. Den Vorsitz führten abwechselnd gleichberechtigt Wilhelm Pieck (SED), Otto Nuschke (CDU) und Professor Kastner (LDPD), da es ja formal eine überparteiliche Organisation sein sollte.«

»Am 4. Oktober 1949 – das war alles glänzend wie nach Drehbüchern organisiert – erhob sich Erich Honecker und forderte im Namen der deutschen friedliebenden Jugend die Gründung einer Deutschen Demokratischen Republik als Antwort auf die ›imperialistische Gründung der Bundesrepublik Deutschland, die von den Spaltern in Bonn am Rhein im September gegründet‹ worden war.«

»Diese Aufforderung Honeckers wurde von der Führung des Deutschen Volksrates, der aus dem Volkskongreß hervorgegangen war, positiv beantwortet, und am 7. Oktober trat das Gremium erneut zusammen. Diesmal nicht in Goebbels' ehemaligem Propagandaministerium, sondern in Görings einstigem Luftfahrtministerium, einem häßlichen, kalten, grauen Bau, der heute noch steht – direkt an der Mauer zu West-Berlin, zwei Minuten vom ›Checkpoint Charlie‹ entfernt. Dort, im ehemaligen Hermann-Göring-Saal, wurde der nationalsozialistische Hoheitsadler aus Mosaik abgeklopft und eine Losung für ›das einige, unteilbare Deutschland‹ aufgehängt. Trotz dieser Einheits-Bekundung wurde an jenem 7. Oktober 1949 ein zweiter deutscher Teilstaat gegründet, indem sich der Deutsche Volksrat zur Provisorischen Volkskammer erklärte. Damals waren viele Menschen von der Hoffnung erfüllt, daß es sich um ein sozial gerechtes und neues Deutschland handele, das da aufgebaut würde.«

»Am 11. Oktober wurde dann Wilhelm Pieck zum Präsidenten der Republik gewählt. Margot Feist, die später Honecker heiratete und heute Volksbildungsministerin ist, gratulierte ihm damals als jüngste Abgeordnete der Volkskammer. Am Abend dieses grauen, milchigen Herbsttages zogen wir als junge FDJ-Angehörige zu Tausenden durch die Straße ›Unter den Linden‹ in der zerborstenen Stadtmitte. Vor der kaputten Universität stand Wilhelm Pieck und ließ sich als erster Präsident des ›Arbeiter- und Bauernstaates‹ feiern. Neben ihm schrie der Vorsitzende der ›Freien Deutschen Jugend‹, Erich Honecker, einen Schwur, zu dem ihn allerdings niemand ermächtigt hatte: Die deutsche Jugend sähe in der neuen Republik die Stätte von Frieden, Wohlstand und nationaler Freiheit. Dabei ist interessant, daß an diesem Tag sowohl Honecker als auch Pieck immer wieder betonten, ihr Ziel sei die Einheit Deutschlands. ›Unsere Regierung‹, sagte Wilhelm Pieck, ›wird alles tun, um die Einheit Deutschlands auf demokratischem Weg so schnell wie möglich herzustellen‹.«

»Daran glaubten wir, die wir aus der ganzen Ostzone – die nun seit einigen Tagen Deutsche Demokratische Republik hieß – zusammengekarrt worden waren, um an dem ehrwürdigen, weißhaarigen Wilhelm Pieck, dem weniger sympathischen Walter Ulbricht, an Otto Grotewohl und an dem schreienden Erich Honecker vorbeizumarschieren. Fackeln erleuchteten die Szene, sowjetische Militärscheinwerfer waren auf dem alten Opern-Platz installiert, der nun den Namen August Bebels trug.«

»Damals habe ich nicht daran gedacht, daß wir 1989 immer noch in zwei deutschen Staaten leben würden. Meine Freunde und ich haben geglaubt, in zwei, drei oder vier Jahren würde Berlin die Hauptstadt des wiedervereinigten, demokratischen Gesamtdeutschland sein. Die Führung der jungen DDR hatte es versprochen. Und nur weil wir daran glaubten, waren wir auch so begeistert. Wir glaubten, die Arbeiterbewegung habe ein Anrecht, diese neue deutsche Republik aufzubauen, in der die SED die Forderungen der deutschen Demokraten von 1848 verwirklichte. Und auch Josef Stalin hatte ja in seinem Telegramm am 11. Oktober 1949 formuliert: ›Es lebe das einheitliche, friedliebende, demokratische Deutschland!‹«

Durch Freundschaft mit den Völkern der S.U.
zu Frieden und Wohlstand!

31. Jahrestag der »Großen Sozialistischen Oktoberrevolution«. Unter den Portraits von Molotow, Lenin und Stalin feiern die Werktätigen der Leuna-Werke bei Halle an der Saale.

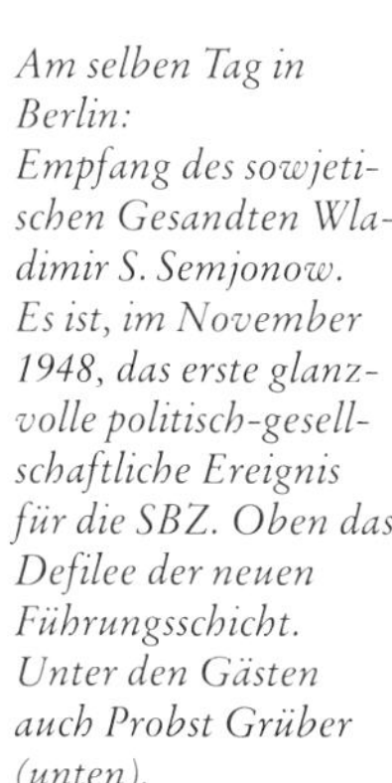

Am selben Tag in Berlin: Empfang des sowjetischen Gesandten Wladimir S. Semjonow. Es ist, im November 1948, das erste glanzvolle politisch-gesellschaftliche Ereignis für die SBZ. Oben das Defilee der neuen Führungsschicht. Unter den Gästen auch Probst Grüber (unten).

Noch einmal Revolutionsfeier. Arnold Zweig beim Defilee. Der Schriftsteller ist gerade erst aus dem Exil in Palästina zurückgekehrt.

Es gibt wieder Mode – obwohl die meisten nur etwas zum Anziehen brauchen.

Auf der Leipziger Frühjahrsmesse 1949 werden Modelle vorgeführt, die vor allem gegen Devisen exportiert werden sollen.

Neue Autos aus der SBZ.
Auf der Leipziger Frühjahrsmesse 1949 zeigen die traditionsreichen Firmen aus Sachsen und Thüringen ihre Modelle, die noch auf Vorkriegsentwicklungen beruhen.

Links der Stand des BMW-Werkes Eisenach.

*Oben der »F9« der Zwickauer Horch-Audi-Werke, rechts der »F8«, der aus dem DKW hervorgegangen ist.
Unten ein BMW-Rennsportwagen aus Eisenach.*

Das erste Auto aus der DDR. Im Oktober 1949 starten im BMW-Werk Eisenach Wagen des neuen Typs 340 zu einer 10000 Kilometer langen Testfahrt. Das Werk wird später umbenannt in »Eisenacher Motorenwerke« (EMW), heute heißt es »VEB Automobilwerk Eisenach« und produziert den »Wartburg«.

Drei Jahre liegen zwischen den Plakaten zur ersten und letzten Gesamt-Berliner freien Wahl am 20. Oktober 1946 und der DDR-Gründung am 7. Oktober 1949.

Das Foto unten hat, wahrscheinlich ungewollt, Symbolcharakter: die Kommunisten Ulbricht und Pieck im vertrauten Gespräch, der Ex-Sozialdemokrat Grotewohl abgewandt in seine Papiere vertieft.

7. Oktober 1949. Im Haus der »Deutschen Wirtschaftskommission« verliest Wilhelm Pieck die Proklamation, mit der sich der »Deutsche Volksrat« zur provisorischen »Volkskammer« erklärt. Damit ist die DDR formell gegründet. Dieser Akt spielt sich ab im ehemaligen Reichsluftfahrtministerium Hermann Görings.

Der Präsident ist gewählt: Wilhelm Pieck, der 73jährige SED-Vorsitzende. Ihm gratuliert die jüngste Abgeordnete der provisorischen Volkskammer, die 22jährige Margot Feist aus Halle. Die Vorsitzende der »Jungen Pioniere« wird vier Jahre später Erich Honecker heiraten.

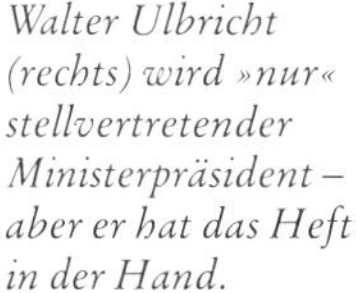

Walter Ulbricht (rechts) wird »nur« stellvertretender Ministerpräsident – aber er hat das Heft in der Hand.

ATISCHEN REPUBLIK

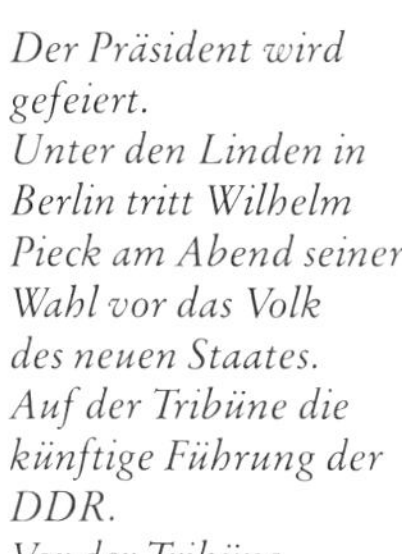

Der Präsident wird gefeiert. Unter den Linden in Berlin tritt Wilhelm Pieck am Abend seiner Wahl vor das Volk des neuen Staates. Auf der Tribüne die künftige Führung der DDR. Vor der Tribüne wird der »große Stalin« vorbeigetragen.

Übergabe der Geschäfte.
Am 10. Oktober 1949 legt Marschall Tschuikow die Verwaltungsfunktionen für die neugegründete »Deutsche Demokratische Republik« formell in die Hände der provisorischen deutschen Dienststellen (links). Neben dem Marschall steht Wladimir S. Semjonow, späterer Botschafter in Ost-Berlin und Bonn. Auf der rechten Seite, beim Verlesen ihrer Erwiderungen, Otto Grotewohl als Ministerpräsident der provisorischen Regierung und Johannes Dieckmann als Präsident der provisorischen Volkskammer. Die Zeremonie findet im selben Saal in Berlin-Karlshorst statt, in dem 1945 die Kapitulation unterzeichnet wurde.

Das obligate Gruppenbild. Das Kabinett der provisorischen DDR-Regierung stellt sich den Fotografen.

Erste protokollarische Anlässe. DDR-Außenminister Georg Dertinger (mit Brille) empfängt den ersten sowjetischen Botschafter Georgi M. Puschkin. Dertinger wird fünf Jahre später als »Spion« zu fünfzehn Jahren Zuchthaus verurteilt.

Zeitungs-Lese

»Die Welt blickt auf Berlin«, behauptet mit einer kühnen Schlagzeile am 7. Oktober 1949 das führende Organ der führenden Klasse, *Neues Deutschland.* Der Grund, weshalb die Welt den Atem anhalte: Es war der »Tag der Geburt der Deutschen Demokratischen Republik«.

Im Text heißt es: »Heute, am 7. Oktober 1949, tritt in Berlin der Deutsche Volksrat zu einer historischen Tagung zusammen. Das deutsche Volk, vor allem seine schaffenden Menschen in Stadt und Land, erwartet von seinen im Kampf um Einheit und gerechten Frieden gewählten Vertretern, daß sie den Willen der Nation erfüllen und das feste Fundament für eine bessere und schönere Zukunft legen. Was ist der Wille der Nation? Der Wille der Nation ist: Die vom Deutschen Volksrat ausgearbeitete Verfassung der Deutschen Demokratischen Republik wird in Kraft gesetzt... Die Bildung einer Regierung der Demokratischen Deutschen Republik wird eingeleitet... Eine solche Regierung wird für ganz Deutschland sprechen, ihre Bildung ist ein Schlag gegen die Adenauers und alle Quislinge, die unser Volk an das ausländische Monopolkapital verschachern.«

Verschiedenes fällt auf: Selbst *Neues Deutschland* scheint noch nicht sicher zu sein, ob es sich nun um eine »Deutsche Demokratische Republik« oder um eine »Demokratische Deutsche Republik« handeln soll; für die Abkürzung ist das allerdings ohne Belang. Das Pathos jener Jahre ist uns inzwischen abhanden gekommen. Auch das rüde Vokabular. Mag Adenauer ein knorriger Antikommunist gewesen sein, aber ihn mit dem norwegischen Naziführer Quisling in einen Topf zu werfen ...? Freilich zahlte die Westpresse, wie wir sehen werden, in gleicher Münze.

Einen Tag nach dem großen Ereignis heißt die Schlagzeile des *Neuen Deutschland* einfach: »Deutsche Demokratische Republik«. Die Verfassung ist in Kraft, der Staat gegründet.

In einem Leitartikel auf Seite 1 findet sich eine bemerkenswerte Feststellung: »Es gehört zu den üblen Seiten der deutschen Geschichte, daß in ihr Verfassungen stets nur auf dem Papier blieben.« Die Befürchtung, dies könne auch künftig so sein, bezieht sich allerdings nicht auf die neue DDR-Verfassung, die steht außerhalb jeden Verdachts:

»Aber geradezu ein Schandfleck der deutschen Geschichte wird einmal das Kapitel des sogenannten Bonner Grundgesetzes sein. Es ist keine Verfassung, geschweige denn eine *deutsche* Verfassung, es ist nichts anderes als ein Anhängsel, ein Beiwerk zum Besatzungsstatut, das die tatsächliche Macht des amerikanischen Monopolkapitals über Westdeutschland errichtete.«

Vierzig Jahre später, da das Getöse des Kalten Kriegs verstummt ist, macht die Prophezeiung des Kommentators nachdenklich. Die DDR-Verfassung wurde inzwischen mehrfach neu geschrieben und steht dennoch nicht im Ruf, viel mehr als bedrucktes Papier zu sein. Nach wie vor stehen ihre Bestimmungen zur Disposition der Parteiführung und können vor keinem Verfassungsgericht eingeklagt werden. Das Bonner Grundgesetz hingegen erfreut sich ungebrochenen Ansehens als Richtschnur demokratischen Handelns.

Es mag ein wenig ungerecht sein, ist aber immer wieder reizvoll, die Worte von damals an der Wirklichkeit von heute zu messen. Das *Neue Deutschland* vom 8. Oktober 1949 zitiert auch die Rede Wilhelm Piecks zur Konstituierung der Provisorischen Volkskammer. Unter anderem mit dem Satz: »Wir wollen keinen Grenzwall gegen Westdeutschland, sondern wir wollen mit den Deutschen in den Westzonen zusammenarbeiten.«

Ob nun Pieck den Begriff »Grenzwall« wörtlich gemeint hat oder nicht: Zwölf Jahre später stand die Mauer. Weitere zwölf Jahre später waren die wichtigsten Verträge zwischen den beiden deutschen Staaten unter Dach und Fach. Wer konnte sich 1949 vorstellen, daß ersteres überhaupt und letzteres so spät geschehen würde?

Es fällt auf, daß die Kommentare zu dem Tag, an dem angeblich »die Welt auf Berlin blickte«, stark im Heute verhaftet sind und sich kaum in die Zukunft wagen. (Das ist übrigens nicht anders am 23. Mai desselben Jahres, als das Grundgesetz der Bundesrepublik Deutschland verabschiedet wurde. Die westdeutschen Zeitungen des 24. Mai finden dieses Ereignis nicht einmal einen Aufmacher wert, sondern melden es weiter unten.) Durch alle Zeilen hindurch spürt man die Unsicherheit über die Bedeutung dessen, was da 1949 in Deutschland geschah. Wie lange würden die zwei Staaten, die sich einrichteten, Bestand haben? Beide hatten sich zu Provisorien für die Zeit bis zur Wiedervereinigung erklärt.

Am besten sah man es ganz einfach, wie die Jungbäuerin Käthe Reimer aus Markgrafenpieske im Kreis Beeskow-Storkow, die als Mitglied der Provisorischen Volkskammer im *Neuen Deutschland* so zitiert wird: »Bevor ich nach Berlin zu dieser Tagung fuhr, gaben mir die Bauern meines Kreises ihren Wunsch nach der Bildung einer deutschen demokratischen Regierung mit auf den Weg. Ich freue mich, daß ich in meinen Kreis zurückkehren und ihnen das Ergebnis des heutigen historischen Tages mitteilen kann.«

Das hätten sie auch in der Zeitung lesen können, aber vielleicht trauten sie Käthe Reimer mehr als dem *Neuen Deutschland.*

»Moskaus Bastard-Regierung«. So überschreibt *Die Zeit* am 6. Oktober 1949 einen Artikel über die bevorstehende Konstituierung der DDR-Regierung. Der Artikel enthält starken Tobak, an den man aber damals in Deutschland gewöhnt war:

»Die Ebert, Ulbricht, Grotewohl, Pieck sowie Hitlers Generale Müller und Lenski haben laut die Einsetzung einer Sowjetzonenregierung verlangt, selbstverständlich – und dies wurde ihnen auch von ihren russischen Herren Semjonow und Tulpanow bereits gewährt – ohne daß Wahlen abgehalten werden, vor denen nun einmal deutsche wie russische Kommunisten eine erklärliche Scheu haben. Daß sich in der Sowjetzone durch die offizielle Einsetzung einer Regierung an den vorhandenen Machtverhältnissen irgend etwas Wesentliches ändern könnte, ist nicht anzunehmen ... Damit aber stellt sich von selbst die Frage, mit welcher Instanz der Sowjetzone wir dann noch verhandeln und Verträge abschließen können. Mit den kommunistischen Diktatoren doch wohl keinesfalls, denn das hieße ja, sie anerkennen ... Solange in der Sowjetzone nicht freie Wahlen durchgeführt werden, hat jede deutsche Regierung im Westen die Pflicht, alles zu tun, um die kommunistischen Usurpatoren von Karlshorsts Gnaden zu stürzen.«

»Ostzonestaat ausgerufen« *(Frankfurter Rundschau).* »Ostzonen-Regierung provisorisch« *(Die Welt).* »›Deutsche Republik‹ der Ostzone proklamiert« *(Süddeutsche Zeitung).* So lauten am 8. Oktober 1949 die Schlagzeilen der drei führenden überregionalen Tageszeitungen der Bundesrepublik. (Die *FAZ* gab es erst ab dem 1. November 1949.)

Der Herausgeber und Chefredakteur der *Frankfurter Rundschau,* Karl Gerold, der nie im Ruche eines Konservativen stand, kommentiert so:

»Es würde tatsächlich schwerfallen, die Rede des Herrn *Pieck* in der Ostzone zur Gründung einer ›gesamtdeutschen‹ Regierung ernstzunehmen, wenn man nicht gewisse Erfahrungen in punkto Wahrheitsverzerrung durch einen gewissen Nationalsozialismus gemacht hätte. Immerhin: wir haben zur Kenntnis zu nehmen, daß es eine ›demokratische, gesamtdeutsche‹ Regierung ist, welche die Russen nunmehr durch ihre kommunistischen SED-Ausführungsorgane *von oben herab* ernannt haben. Eingesetzt brauchte sie nicht zu werden, weil sie nämlich lange vor der westdeutschen Republik in Form des sogenannten ›Volksrates‹ schon bestand – man mußte sie nur, wie man sieht, zur Regierung umbenennen oder ernennen.

Wie demokratisch diese Regierung ist, läßt sich rein äußerlich schon daraus erkennen, daß die allgemeinen Wahlen in der Ostzone – die bei der Begründung einer ›demokratischen‹ Regierung doch ein wenig eine Rolle spielen sollten – erst *nächstes* Jahr, nämlich am 15. Oktober, abgehalten werden. Warum eigentlich erst nächstes Jahr? Bei *dem* demokratischen Regime, das heute in der Ostzone herrscht, bei den *Lakaien,* die sich demokratische Parteien nennen müssen, kann der Ausgang der Wahlen doch kaum anders sein als von oben gewünscht!«

Ob Karl Gerold sich 1949 vorstellen konnte, daß die DDR-Regierung, die aus dem »Volksrat« hervorging, auch vierzig Jahre danach noch bestehen würde? Damals schreibt er: »Wir werden uns vermutlich noch manchmal mit diesem ›Volksrat‹, der in Wirklichkeit schon längst die diktatorisch-separatistische Regierung der Ostzone ist, zu beschäftigen haben.«

Die Welt legt am 8. Oktober 1949, nicht nur in ihrer Schlagzeile, Wert auf das Provisorische der Ostzonen-Verfassung. Das sei allenfalls ein »Quasi-Konstitutionalismus« und habe im übrigen mit einem Verfassungsbruch begonnen:

»Wenn sich der Volksrat zur provisorischen Volkskammer ernennt, so steht dies in offenem Widerspruch zu den Bestimmungen der Verfassung, die der Volksrat selbst – ob berechtigt oder unberechtigt, steht hier nicht zur Diskussion – geschaffen hat. Diese Volkskammer muß durch allgemeine Wahlen neu geschaffen werden. Erst dieses aus neuen Wahlen hervorgegangene Gremium kann zur Wahl des Präsidenten und der Regierung schreiten. Wenn der Volksrat den Beschluß gefaßt hat, diese Wahlen erst im Herbst 1950 durchzuführen und bis zu diesem Zeitpunkt als Volkskammer mit den nur dieser zustehenden Rechten zu amtieren, so ist dies ungesetzlich.«

Jahrzehnte später läßt sich leicht sagen: Wenn dies die einzige Ungesetzlichkeit geblieben wäre!

Die *Süddeutsche Zeitung* läßt am 8. Oktober 1949 völkerrechtlich analysieren und greift dabei – eigentlich – weit in die Zukunft:

»Es fehlt nicht an deutschen Stimmen, die der Meinung sind, man solle ›Sowjet-Deutschland‹ ruhig anerkennen, da wir es uns nicht leisten können, weiterhin politisch und wirtschaftlich abgesperrt zu leben. Gegen diese Empfehlung läßt sich wenig einwenden, falls es sich dabei um eine de-facto-Anerkennung, um das Miteinanderarbeiten auf dem Boden der (leider) vollzogenen Tatsachen – etwa durch die verstärkte Aufnahme von Handelsbeziehungen – handelt. Es zeugt aber von einem völligen Verkennen der gegenwärtigen Lage, wollte man darunter auch eine völkerrechtliche Anerkennung des neuen Staats de jure verstehen – etwa so, als ob es wirklich zwei selbständige deutsche Staaten gäbe, die die Möglichkeit hätten, eine solche ›Anerkennung‹ rechtsgültig auszusprechen.«

Klingt das wie 1949 oder nicht vielmehr wie im Jahr 1969 geschrieben?

In ihrer nächsten Ausgabe, am 10. Oktober 1949, zitiert die *Süddeutsche Zeitung* Bundeskanzler Konrad Adenauer mit folgenden Worten:

»Die Bundesregierung und das ganze Bundesgebiet haben die heilige Pflicht, ständig an die 18 Millionen deutscher Brüder und Schwestern zu denken, die in der Ostzone stets in der Furcht zu leben haben, eingesperrt zu werden und irgendwo in einem KZ zu verschwinden. Wir werden euch niemals verlassen! Eines Tages wird doch wieder das Licht aufgerichtet werden und siegen und alle Deutschen werden wieder vereinigt sein.«

Etwas substantieller äußert sich Adenauers damaliger Gegenspieler, der SPD-Vorsitzende Kurt Schumacher, im *Vorwärts* vom 8. Oktober 1949:

»Man kann erfolgreich bestreiten, daß der neue Oststaat überhaupt ein Staat ist. Dazu fehlt ihm auch der Ansatz zur Bildung einer eigenen Souveränität, er ist eine Äußerungsform der russischen Außenpolitik. Noch weniger aber ist dieser sogenannte Oststaat neu. Er besteht tatsächlich seit 1945. Er hatte ursprünglich keine deutschen zentralen Organe. Dafür funktionierte die sowjetische Militäradministration gegenüber den fünf Ländern der Ostzone und Berlin als Ersatz für eine zentrale deutsche Stelle. Als dann 1947 die Wirtschaftskommission von den Sowjets eingesetzt wurde, war sie Ersatz für eine deutsche Zentralinstanz, aber immer nur eine Funktion der russischen Militärregierung. Niemals hat die Wirtschaftskommission die Bildung und die Durchsetzung eines eigenen Willens oder auch das Bemühen dazu gezeigt. Jetzt ist der Oststaat ein Versuch, die magnetischen Kräfte des Westens mit Hilfe staatlicher Machtmittel und eines scheinbaren Willens der deutschen Bevölkerung dieser Zone abzuwehren. Er bedeutet die Anerkennung der Tatsache, daß bis auf weiteres das große russische Unternehmen, ganz Deutschland in die politischen, gesellschaftlichen, wirtschaftlichen und kulturellen Formen der Sowjets hineinzuzwingen, gescheitert ist.«

Bis hierhin kann man der nüchternen Analyse Schumachers folgen. Aber der Schluß seiner Erklärung im *Vorwärts* vom 8. Oktober 1949 ist – leider – zu optimistisch ausgefallen:

»Das darf nicht darüber hinwegtäuschen, daß die Etablierung dieses sogenannten Oststaates eine Erschwerung der deutschen Einheit ist. Die Verhinderung dieser Einheit aber kann dieses Provisorium im Osten nicht bedeuten, weil das deutsche Volk und besonders die Bevölkerung der Ostzone dieses Gebilde russischer Machtpolitik auf deutschem Boden ablehnt.«

Eine Woche später, am 15. Oktober 1949, kommentiert der *Vorwärts* unter dem ironischen Titel »Pieckistan«: »Wenn auch keine Gefahr besteht, daß irgendwer Pieck für ein mögliches gesamtdeutsches Staatsoberhaupt und Grotewohls Kabinett für eine deutsche Volksvertretung hält, so bedeutet das nicht, daß die ›Staatsgründung‹ in der Ostzone ein harmloser Scherz ist.«

Zweifellos einer der wenigen weitsichtigen Kommentare aus den Tagen um den 7. Oktober 1949!

Wer war schuld an der deutschen Teilung? Drei Antworten

Egon Bahr:

Das ist fast nicht zu beantworten. Der wirkliche Einfluß, das Gewicht der Deutschen war damals noch relativ gering. Ich weiß nicht, ob, wenn die Deutschen es versucht hätten, sie stark genug gewesen wären, es zu verhindern.

Aus dem Osten wurden Fehler gemacht. Man denke an Jakob Kaiser, der sich gegen den Separatisten Adenauer behaupten wollte und dem die Beine weggeschlagen wurden. Man denke umgekehrt an die Franzosen, die die deutsche Einheit gar nicht wollten. Man denke an die Amerikaner, die relativ früh zu dem Entschluß kamen, ihre Zone oder ihre Zonen im Westen wirtschaftlich wieder auf die Beine zu stellen.

Ich glaube, von beiden Seiten sind im Rahmen des beginnenden Kalten Krieges die Weichen auf Teilung gestellt worden, und die Deutschen haben auf beiden Seiten kräftig dabei mitgeholfen.

Wolfgang Leonhard:

Ich glaube nicht, daß man einen einzigen Schuldigen finden kann, weder die Sowjetunion noch die Westmächte.

Entscheidend war eines: Im Mai 1945 war Hitler-Deutschland zerschlagen, damit fiel die gemeinsame Klammer der Anti-Hitler-Koalition weg. Und nun wirkten sich die unterschiedlichen Systeme aus. Das Stalin-System versuchte, anfangs sehr vorsichtig, aber dann immer deutlicher, in allen osteuropäischen Ländern und in der Sowjetzone Deutschlands den Kurs auf die Sowjetisierung und Stalinisierung einzuschlagen. Je mehr das geschah, desto größer wurden das Mißtrauen des Westens und die entsprechenden antikommunistischen Maßnahmen, so daß die Widersprüche wuchsen. Es war diese Entwicklung von Reaktion und Gegenreaktion, die dann 1949 zur Spaltung Deutschlands und zur Bildung zweier deutscher Staaten führte.

Hermann Weber:

Die Spaltung Deutschlands ist in meinen Augen eine Folge des Kalten Krieges.

Während des Kalten Krieges bezogen die ehemaligen Alliierten ihre Besatzungsgebiete in ihren Machtblock ein. Besatzungsgebiete aber gab es deswegen, weil Deutschland den Krieg begonnen und verloren hatte. Insofern ist letztendlich die Spaltung Deutschlands eine Folge der Hitler-Diktatur.

»Auferstanden aus Ruinen ...«

Beide deutsche Staaten hatten 1949 bei ihrer Gründung keine Hymnen.

Wer erinnert sich noch an die langwierige Auseinandersetzung über die Frage, ob das Deutschlandlied die Hymne der neuen Bundesrepublik sein könne? Dieses so oft fehlinterpretierte, so oft mißbrauchte »Deutschland, Deutschland über alles«, das der Dichter Hoffmann von Fallersleben, als er es 1841 auf der (damals britischen) Insel Helgoland schrieb, gewiß nicht als Aufruf zu Eroberungskriegen hatte verstanden wissen wollen.

Die herausragenden Figuren der jungen Bundesrepublik waren uneins über das Lied. Theodor Heuss, der Bundespräsident, wollte es nicht. Konrad Adenauer, der Bundeskanzler, wollte es. Am Ende setzte sich Adenauer durch. Aber bis dahin war es Mai 1952 geworden.

In der DDR ging es schneller. »Der zweite deutsche Staat ... vermied in Sachen Hymne die Last der Tradition und eine Traditionsdebatte«, schreibt Guido Knopp in seiner Geschichte der deutschen Hymne(n), der unsere Darstellung im wesentlichen folgt.

Das Gedicht »Auferstanden aus Ruinen« schrieb der kommunistische deutsche Dichter Johannes R. Becher im Moskauer Exil bereits 1942:

»Auferstanden aus Ruinen
Und der Zukunft zugewandt,
Laß uns Dir zum Guten dienen,
Deutschland unser Vaterland.
Deine Einheit zu erringen,
Haben wir uns fest geeint,
Alte Not gilt es zu zwingen,
Daß die Sonne, daß die Sonne
Über Deutschland scheint.«

Drei Tage nach Gründung der DDR, also am 10. Oktober 1949, bat Staatspräsident Wilhelm Pieck den alten Genossen Becher, eine neue deutsche Nationalhymne zu schreiben.

Der hatte ja schon etwas in petto und machte sich eilig an ein paar Verbesserungen. Nach wenigen Tagen schickte er die veränderte Fassung zwecks Vertonung an den Komponisten Ottmar Gerster:

»Auferstanden aus Ruinen
Und der Zukunft zugewandt,
Laß uns Dir zum Guten dienen,
Deutschland einig Vaterland.
Alte Not gilt es zu zwingen,
Und wir zwingen sie vereint,
Denn es muß uns doch gelingen,
Daß die Sonne schön wie nie
Über Deutschland scheint.«

Als Becher dem Komponisten Hanns Eisler, bekannt vor allem durch Brecht-Vertonungen, von dem Hymnen-Auftrag erzählte, entwarf auch Eisler eine Melodie.

Am 4. November 1949 wurden die beiden Fassungen im Berliner »Club der Kulturschaffenden« einigen Dutzend Funktionären von SED und FDJ zu Gehör gebracht. Eislers Musik kam besser an.

Natürlich mußte eine so zentrale Frage weiter oben entschieden werden. Sogar ganz oben, im Politbüro der SED. Dieses entschied schon einen Tag darauf: Eisler!

Am 7. November 1949, dem 32. Jahrestag der Oktoberrevolution, wurde die neue Hymne in einer Feierstunde erstmals öffentlich vorgestellt. Genau einen Monat nach ihrer Gründung hatte also die DDR ihre Hymne.

Wer damals drüben lebte, erinnert sich, wie schnell das Gerede umging, die Melodie sei »geklaut«. Immerhin ist nicht zu bestreiten, daß die ersten Takte der Eisler-Hymne, gelinde gesagt, sehr stark an einen Schlager erinnern, den Peter Kreuder einst für Hans Albers geschrieben hatte: »Good bye, Jonny« aus dem UFA-Film »Wasser für Canitoga«. Peter Kreuder hat nie aufgegeben, den Kollegen Eisler, der 1962 starb, des Plagiats zu bezichtigen.

Kreuder machte in den siebziger Jahren eine Orchester-Tournee durch die DDR, und wenn er »Good bye, Jonny« spielen ließ, so geht die Fama, erhoben sich die DDR-Bürger von den Plätzen. Kreuder starb 1981. Beide Lieder werden noch gespielt, wenn auch unterschiedlich häufig. Der eigentliche Verlierer ist Johannes R. Becher.

Zunächst einmal wurde Becher 1954 Minister für Kultur der DDR. Im Alter von nur 67 Jahren starb er 1958 in Ost-Berlin. So erlebte er nicht mehr, wie sein Text ins politische Abseits geriet.

»Deutschland einig Vaterland« – das war lange Zeit die Parole der SED gewesen, solange sie noch einen Rest Hoffnung hatte, das Vaterland werde nicht nur einig, sondern sozialistisch einig. Als dann die DDR eine eigenständige Nation sein wollte, konnte – durfte – Bechers Text nicht mehr gesungen werden. Bis heute.

Anhang

Zeittafel

1945

30. 4. 1945 Die »Gruppe Ulbricht« trifft, aus Moskau kommend, in Berlin ein. (Ähnliche »Initiativgruppen« des ZK der KPD unter Ackermann und Sobottka gehen nach Sachsen bzw. Mecklenburg-Vorpommern.)

8./9. 5. 1945 Bedingungslose Kapitulation Deutschlands.

5. 6. 1945 Deklaration der Alliierten: Die UdSSR, die USA, Großbritannien und Frankreich übernehmen die oberste Gewalt in Deutschland und gründen den Alliierten Kontrollrat.

9. 6. 1945 Bildung der Sowjetischen Militäradministration in Deutschland (SMAD) in Berlin-Karlshorst. Die SMAD übt faktisch die Staatsgewalt in der SBZ aus.

10. 6. 1945 Mit Befehl Nr. 2 der SMAD wird die Gründung antifaschistisch-demokratischer Parteien und Gewerkschaften in der SBZ erlaubt.

11. 6. 1945 Gründungs-Aufruf der KPD.

15. 6. 1945 Gründung der SPD in Berlin.

15. 6. 1945 Gründung des Freien Deutschen Gewerkschaftsbundes (FDGB).

19. 6. 1945 KPD und SPD gründen eine Aktionsgemeinschaft.

26. 6. 1945 Gründung der CDUD in Berlin.

1.–3.7. 1945 Abzug der amerikanischen und britischen Truppen aus Thüringen, West-Sachsen und Mecklenburg, Einzug in die Berliner West-Sektoren.

5. 7. 1945 Gründung der LDPD in Berlin.

14. 7. 1945 Gründung der »Einheitsfront der antifaschistisch-demokratischen Parteien« (Antifa-Block) in Berlin.

17.7.–2.8.1945 Potsdamer Konferenz der Alliierten über Deutschland.

27. 7. 1945 Mit dem Befehl Nr. 17 werden von der SMAD 11 Deutsche Zentralverwaltungen geschaffen.

31. 7. 1945 Die SMAD erlaubt die Bildung antifaschistischer Jugendausschüsse.

3.–11. 9. 1945 Die Länder- und Provinzialverwaltungen der SBZ erlassen Verordnungen zur Bodenreform.

1. 10. 1945 Beginn des Schulunterrichts.

3. 10. 1945 Mit Befehl Nr. 49 entfernt die SMAD alle NSDAP-Mitglieder aus dem Justizdienst.

19. 12. 1945 Andreas Hermes und Walter Schreiber müssen auf Druck der SMAD aus dem CDU-Vorstand ausscheiden.

20.–21. 12. 1945 Die Führung von KPD und SPD in der SBZ beschließen, die Vereinigung beider Parteien vorzubereiten.

1946

9. 2. 1946 Anton Ackermann (KPD) veröffentlicht seine These über den »besonderen deutschen Weg zum Sozialismus«.

7. 3. 1946 Gründung der »Freien Deutschen Jugend« (FDJ).

31. 3. 1946 82 % der SPD-Mitglieder in West-Berlin lehnen in einer Urabstimmung die Vereinigung mit der KPD ab.

19.–20. 4. 1946 KPD und SPD beschließen auf getrennten Parteitagen die Vereinigung zur SED.

21.–22. 4. 1946 Gründungsparteitag der »Sozialistischen Einheitspartei Deutschlands« im Admiralspalast in Berlin.

23. 4. 1946 *Neues Deutschland*, das Zentralorgan der SED, erscheint zum ersten Mal.

8. 5. 1946 Erste Nachkriegsmesse in Leipzig.

17. 5. 1946 Die Deutsche Film-AG (DEFA) wird gegründet.

8.–10. 6. 1946 1. Parlament der FDJ in Brandenburg a. d. Havel; Erich Honecker wird erster Vorsitzender.

30. 6. 1946 Volksentscheid in Sachsen über die Enteignung von »Kriegsverbrechern und Naziaktivisten« (77,6 % der Wahlberechtigten stimmen dafür).

24. 7.–16. 8. 1946 Thüringen, Sachsen-Anhalt, Mark Brandenburg und Mecklenburg erlassen Verordnungen über die »Enteignung von Kriegsverbrechern und Naziaktivisten«.

1.–15. 9. 1946 Gemeindewahlen in Sachsen, Thüringen, Sachsen-Anhalt, Brandenburg und Mecklenburg.

20. 10. 1946 Erste Kreis- und Landtagswahlen in der SBZ. (Die SED erhält 47,5 % der Stimmen, bei den Wahlen zum Berliner Stadtparlament nur 19,8 %.)

14. 11. 1946 Der SED-Parteivorstand veröffentlicht einen Verfassungsentwurf für eine Deutsche Demokratische Republik.

1947

10. 3.–4. 4. 1947 Konferenz der Außenminister der USA, der UdSSR, Großbritanniens und Frankreichs in Moskau.

6.–9. 6. 1947 Konferenz aller Ministerpräsidenten der deutschen Länder in München.

14. 6. 1947 Gründung der »Deutschen Wirtschaftskommission« (DWK), der ersten zentralen Zonenverwaltung.

23. 7. 1947 Das ZK der SED äußert sich ablehnend zum Marshall-Plan.

6.–7. 12. 1947 Der »1. Deutsche Volkskongreß für Einheit und gerechten Frieden« tagt in Berlin.

19. 12. 1947 Die Vorsitzenden des CDU-Hauptvorstandes Jakob Kaiser und Ernst Lemmer werden von der SMAD abgesetzt.

1948

26. 2. 1948 Die Entnazifizierung wird in der SBZ abgeschlossen.

9. 3. 1948 Die Deutsche Wirtschaftskommission (DWK) übernimmt die zentrale Lenkung und Leitung der Wirtschaft.

17.–18. 3. 1948 Der »2. Volkskongreß für Einheit und gerechten Frieden« tagt, Wahl des »Deutschen Volksrates«.

20. 3. 1948 Die Vertreter der Sowjetunion verlassen den Alliierten Kontrollrat.

17. 4. 1948 Die Überführung der Betriebe von Kriegsverbrechern in Volkseigentum wird abgeschlossen.

23. 4. 1948 Die »Vereinigung Volkseigener Betriebe« (VVB) wird gegründet.

29. 4. 1948 Die »Demokratische Bauernpartei Deutschlands« (DBD) wird gegründet.

25. 5. 1948 Die »National-Demokratische Partei Deutschlands« (NDPD) wird gegründet.

18. 6. 1948 Beginn der Berlin-Blockade durch die Sowjetunion.

21. 6. 1948 Zweijahresplan wird von der DWK angenommen.

20. 6. 1948 Währungsreform in den drei Westzonen.

23. 6. 1948 Währungsreform in der SBZ und ganz Berlin.

24. 6. 1948 West-Alliierte führen D-Mark in West-Berlin ein.

3. 7. 1948 Die »Kasernierte Volkspolizei« wird gebildet.

28.–29. 7. 1948 Der Parteivorstand der SED leitet die Umwandlung zur »Partei neuen Typus« ein.

24. 9. 1948 Anton Ackermann (SED) widerruft seine These vom »besonderen deutschen Weg zum Sozialismus«.

13. 10. 1948 Adolf Hennecke übererfüllt sein Soll, Start der Aktivistenbewegung.

15. 11. 1948 Die erste HO-Verkaufsstelle wird eröffnet.

26. 11. 1948 Der FDGB schafft Betriebsräte ab.

13. 12. 1948 Die »Jungen Pioniere«, die Kinderorganisation der FDJ, werden gegründet. Erste Vorsitzende wird Margot Feist.

1949

19. 3. 1949 Der »Deutsche Volksrat« billigt die DDR-Verfassung.

12. 5. 1949 Ende der Berliner Blockade.

15.–16. 5. 1949 Wahlen zum »3. Deutschen Volkskongreß« nach Einheitslisten.

23. 5. 1949 Das Grundgesetz für die Bundesrepublik Deutschland wird verkündet.

29. 5.–3. 6. 1949 Der »3. Deutsche Volkskongreß« nimmt die Verfassung für eine Deutsche Demokratische Republik an.

25. 8. 1949 »Nationalpreise« werden erstmals in der SBZ verliehen.

7. 10. 1949 Die Deutsche Demokratische Republik wird gegründet, der »Deutsche Volksrat« wird Provisorische Volkskammer, die DDR-Verfassung tritt in Kraft.

8. 10. 1949 Erstes deutsch-deutsches Handelsabkommen.

10. 10. 1949 Die sowjetische Besatzungsmacht überträgt Verwaltungsfunktionen an die Provisorische Regierung der DDR. Eine Sowjetische Kontrollkommission (SKK) löst die SMAD ab.

11. 10. 1949 Wilhelm Pieck wird erster Präsident der DDR.

12. 10. 1949 Die Provisorische Volkskammer bestätigt die Provisorische Regierung der DDR. Otto Grotewohl wird Ministerpräsident der DDR.

15. 10. 1949 Aufnahme diplomatischer Beziehungen zwischen der Sowjetunion und der DDR.

7. 11. 1949 »Auferstanden aus Ruinen ...« wird als Hymne der DDR erstmals vorgetragen.

50 wichtige Namen – ein (unvollständiges) »Who's Who?« der SBZ

Anton Ackermann, ∗ 1905 als Eugen Hanisch in Thalheim/Sachsen, Strumpfwirker, KPD-Funktionär, nach 1933 illegal, Teilnehmer des spanischen Bürgerkriegs, Emigrant in der UdSSR, 1945 Rückkehr nach Deutschland, KPD/SED-Funktionär, 1946 Theorie vom »besonderen deutschen Weg zum Sozialismus«, 1948 Widerruf, 1953 als Ulbricht-Gegner aller Ämter enthoben, 1956 rehabilitiert, Kulturfunktionär, † 1973.

Edith Baumann, ∗ 1909 in Berlin, Stenotypistin, vor 1933 SPD und SAP, 1933–1936 Haft, 1945 wieder SPD, 1946 Mitbegründerin der FDJ, bis 1949 Stellvertreterin des FDJ-Vorsitzenden Honecker, zeitweise seine Ehefrau, † 1973.

Johannes R. Becher, ∗ 1891 in München, Studium der Medizin und Philosophie, expressionistischer Dichter, 1919 KPD, 1933 Emigration über ČSR und Frankreich in die UdSSR, 1945 Rückkehr nach Deutschland, Präsident des Kulturbundes, Dichter der Hymne »Auferstanden aus Ruinen«, später Kulturminister, † 1958.

Hilde Benjamin, geb. Lange, ∗ 1902 in Bernburg, Juristin, 1933 Berufsverbot, verlor ihren Mann, einen jüdischen Arzt, im KZ Mauthausen, 1945 von der SMAD im Justizwesen eingesetzt, Vorsitzende in großen Schauprozessen, später Justizministerin, † 1989.

Lothar Bolz, ∗ 1903 in Gleiwitz, promovierter Jurist, 1933 Emigration nach Danzig, später in die UdSSR, 1946 Rückkehr nach Deutschland, gründete 1948 auf Anordnung der SMAD und der SED die NDPD, wurde deren Vorsitzender bis 1972, Außenminister der DDR 1953–1965.

Bertolt Brecht, ∗ 1898 in Augsburg, Medizinstudium, Soldat im Ersten Weltkrieg, Dramatiker, (u. a. »Dreigroschenoper«, 1928; »Mutter Courage und ihre Kinder«, 1941; »Der Kaukasische Kreidekreis«, 1948), 1933 Emigration über verschiedene Länder in die USA, 1947 Rückkehr nach Deutschland, zusammen mit seiner Frau Helene Weigel (1900–1971) Mitbegründer des »Berliner Ensembles«, Schriftsteller in Ost-Berlin, † 1956.

Ernst Busch, ∗ 1900 in Kiel, Werftschlosser, 1918 Teilnehmer am Kieler Matrosenaufstand, danach Schauspieler und Sänger (u. a. Uraufführung der »Dreigroschenoper« 1928), KPD-Propagandist, 1933 Emigration, Teilnehmer des spanischen Bürgerkriegs, Gestapo-Haft in Frankreich, nach 1945 Sänger und Schauspieler in Ost-Berlin, † 1980.

Franz Dahlem, ∗ 1892 in Rohrbach/Lothringen, kaufm. Angestellter, Redakteur, 1913 SPD, Soldat im Ersten Weltkrieg, 1920 KPD, 1928–1933 Mitglied des Reichstags, illegale Arbeit, Emigration, Teilnehmer des spanischen Bürgerkriegs, in Frankreich interniert, KZ Mauthausen bis 1945, danach Funktionär der KPD/SED bis 1953, wegen politischer Abweichung aller Ämter enthoben, 1956 rehabilitiert, † 1981.

Georg Dertinger, ∗ 1902 in Berlin, konservativer Journalist in der Weimarer Republik, 1945 Mitbegründer der CDUD in der SBZ, ab 1946 Generalsekretär, 1949 DDR-Außenminister, 1954 als »Spion« zu 15 Jahren Zuchthaus verurteilt, 1964 begnadigt, danach Lektor eines katholischen Verlags in Leipzig, † 1968.

Johannes Dieckmann, ∗ 1893 in Fischerhude b. Bremen, Soldat im Ersten Weltkrieg, in der Weimarer Republik Redakteur und Parteisekretär der DVP, 1945 Mitbegründer der LDPD, Landtagsabgeordneter und stv. Ministerpräsident in Sachsen, 1949 Mitglied und Präsident der Volkskammer der DDR, 1960 stv. Staatsratsvorsitzender, † 1969.

Friedrich Ebert, ∗ 1894 in Bremen, Sohn des Reichspräsidenten Friedrich Ebert, 1913 SPD, Soldat im Ersten Weltkrieg, danach Redakteur bei SPD-Zeitungen, 1928–1933 Mitglied des Reichstags, 1933 verhaftet, KZ, danach Polizeiaufsicht, 1945 wieder SPD, 1946 Funktionär der SED, Landtagspräsident in Brandenburg, 1948 Oberbürgermeister von Ost-Berlin, † 1979.

Max Fechner, ∗ 1892 in Rixdorf/Berlin, Werkzeugmacher, 1910 SPD, in der Weimarer Republik Redakteur und Funktionär der SPD, nach 1933 mehrfach verhaftet, 1945 Vorsitzender des Zentralausschusses der SPD, 1946 2. Vorsitzender der SED, 1949 Justizminister, nach dem 17. Juni 1953 als »Staatsfeind« verhaftet, 1956 amnestiert, † 1973.

Walter Felsenstein, ∗ 1901 in Wien, Schauspieler, Dramaturg, Regisseur u. a. in Frankfurt/Main, Zürich, Berlin, 1945 am Hebbeltheater in Berlin, ab 1947 Intendant der Komischen Oper in Ost-Berlin, † 1975.

Erich W. Gniffke, ∗ 1895 in Elbing, 1913 SPD, ab 1926 Gewerkschaftssekretär, enger Freund von Otto Grotewohl, nach 1933 im SPD-Widerstand, 1945 wieder SPD, 1946 im ZK der SED als Stellvertreter Grotewohls, nach Differenzen mit Ulbricht 1948 in den Westen geflüchtet, † 1964.

Ernst Goldenbaum, ∗ 1898 in Parchim, Landarbeiter, 1919 KPD, Funktionär und Redakteur, 1933 Landwirt, mehrfach verhaftet, 1945 wieder KPD, Landwirtschaftsfunktionär, gründete 1948 im Auftrag von SMAD und SED die Demokratische Bauernpartei Deutschlands (DBD), Vorsitzender bis 1982.

Otto Grotewohl, ∗ 1894 in Braunschweig, Buchdrucker, 1912 SPD, nach dem Ersten Weltkrieg Landtagsabgeordneter und Minister in Braunschweig, 1925–1933 Präsident der Landesversicherungsanstalt, Mitglied des Reichstags, nach 1933 Geschäftsmann, zeitweise in Haft, 1945 Vorsitzender des Zentralausschusses der SPD in Berlin, 1946–1954 Mit-Vorsitzender der SED (neben Pieck), 1949 Ministerpräsident der DDR, † 1964.

Kurt Hager, ∗ 1912 in Bietigheim, Journalist, 1930 KPD, 1933 verhaftet, dann Emigration, Teilnehmer des spanischen Bürgerkriegs, danach Journalist in England, 1945 Rückkehr nach Deutschland, Leiter der Abteilung »Parteischulung«, 1949 der Abteilung »Propaganda«, später Mitglied des Politbüros der SED.

Robert Havemann, ∗ 1910 in München, Chemiker, 1935 promoviert, 1932 KPD, Mitbegründer einer Widerstandsgruppe, 1943 vom Volksgerichtshof zum Tode verurteilt, bis Kriegsende im Zuchthaus Brandenburg, danach Forschungstätigkeit in Berlin (West) sowie Professur an der Ost-Berliner Humboldt-Universität, SED-Mitglied bis zum Ausschluß 1964 wegen »parteifeindlichen Verhaltens«, DDR-Dissident, † 1982.

Adolf Hennecke, ∗ 1905 in Meggen/Westfalen, Bergmann, 1946 SED, 1948 mit einer 387prozentigen Erfüllung seines Tagessolls in der Grube »Karl Liebknecht« in Oelsnitz Begründer der »Aktivistenbewegung« in der SBZ, 1949 Volkskammer, † 1975.

Andreas Hermes, ∗ 1878 in Köln, Landwirt, in der Weimarer Republik u. a. Reichstagsabgeordneter, Reichsminister, Präsident des Raiffeisen-Verbandes, 1944 als Widerständler verhaftet, 1945 Mitbegründer der CDUD in Berlin und der SBZ und ihr erster Vorsitzender, Ende 1945 zum Rücktritt gezwungen, in Westdeutschland später u. a. Präsident des Deutschen Bauernverbands, † 1964.

Heinz Hoffmann, ∗ 1910 in Mannheim, Maschinenschlosser, 1930 KPD, ab 1933 illegale Arbeit, 1935 Emigration in die UdSSR, Teilnehmer des spanischen Bürgerkriegs, wieder in die UdSSR, Offizier der Roten Armee, 1946 Rückkehr nach Deutschland, SED-Funktionär, ab 1. 7. 1949 Generalinspekteur der Volkspolizei, später DDR-Verteidigungsminister, † 1985.

Erich Honecker, ∗ 1912 in Neunkirchen/Saar, Dachdecker, 1929 KPD, ab 1933 illegale Arbeit, 1935 verhaftet, bis 1945 im Zuchthaus Brandenburg, danach Jugendsekretär der KPD, 1946 erster Vorsitzender des Zentralrats der FDJ (bis 1955), später Generalsekretär der SED und Staatsratsvorsitzender.

Hans Jendretzky, ∗ 1897 in Berlin, Schlosser, 1920 KPD, Gewerkschaftsfunktionär, ab 1933 illegale Arbeit, mehrfach verhaftet, Zuchthaus und KZ, 1945 KPD, 1946–1948 erster Vorsitzender des FDGB, dann SED-Bezirkssekretär Berlin, 1953 als Ulbricht-Gegner aus dem Politbüro entfernt, 1956 rehabilitiert, Partei- und Gewerkschaftsfunktionär.

Jakob Kaiser, ∗ 1888 in Hammelburg, Buchbinder, ab 1912 in der Christlichen Gewerkschaftsbewegung tätig, politisch in der Zentrumspartei, nach 1933 mehrmals verhaftet, 1945 Mitbegründer der CDUD in der SBZ, als Nachfolger von Hermes erster Vorsitzender bis zur Absetzung durch die SMAD 1947, danach als CDU-Politiker im Westen tätig, u. a. als erster Bundesminister für gesamtdeutsche Fragen, † 1961.

Hermann Kastner, ∗ 1886 in Berlin, promovierter Jurist, in der Weimarer Republik und im Dritten Reich Anwalt in Dresden, 1945 Gründer der LDPD in Sachsen und deren Vorsitzender, 1948 für die ganze SBZ, 1950 aller Ämter enthoben, Parteiausschluß, 1956 Flucht in die Bundesrepublik, † 1957.

Heinz Keßler, ∗ 1920 in Lauban/Schlesien, Maschinenschlosser, Kriegsdienst, zur Roten Armee übergelaufen, 1945 Rückkehr nach Deutschland, KPD, 1946 Mitbegründer der FDJ, später Funktionen in SED, VP und NVA, Verteidigungsminister.

Wilhelm Külz, ∗ 1875 in Borna, promovierter Staatswissenschaftler, zwischen 1904 und 1933 Bürgermeister bzw. Oberbürgermeister in Bückeburg, Zittau, Dresden, 1925/26 Reichsinnenminister, 1920–1932 Mitglied des Reichstags, nach 1933 mehrfach verhaftet, 1945 Mitbegründer und Vorsitzender der LDPD in der SBZ, † 1948.

Ernst Lemmer, ∗ 1898 in Remscheid, Redakteur, in der Weimarer Republik Reichstagsabgeordneter der Deutschen Demokratischen Partei, im Dritten Reich Berliner Korrespondent ausländischer Zeitungen, 1945 Mitbegründer der CDUD in Berlin und der SBZ, 1947 zweiter Vorsitzender, Ende 1947 von der SMAD amtsenthoben, später u. a. Bundesminister für gesamtdeutsche Fragen, † 1970.

Arno von Lenski, ∗ 1893 in Czymochen/Ostpreußen, Gutsbesitzerssohn, Berufsoffizier, Generalmajor der Wehrmacht, zeitweise ehrenamtlicher Richter am Volksgerichtshof, 1943 sowjetische Gefangenschaft, Nationalkomitee Freies Deutschland, 1949 Rückkehr nach Deutschland, NDPD, später Generalmajor der KVP, danach der NVA bis 1958, † 1986.

Bruno Leuschner, ∗ 1910 in Berlin, kaufmännischer Angestellter, 1931 KPD, nach 1933 illegale Arbeit, Zuchthaus, KZ Sachsenhausen und Mauthausen, 1945 wieder KPD, Wirtschaftsfunktionär, 1948 stv. Vorsitzender der DWK, später Vorsitzender der Staatlichen Plankommission der DDR, † 1965.

Kurt Maetzig, ∗ 1911 in Berlin, Dr. phil., im Dritten Reich rassisch verfolgt, in einer Filmfirma tätig, 1946 Mitbegründer der DEFA, einer der ersten Regisseure der DEFA, (»Ehe im Schatten«, »Ernst Thälmann«).

Hermann Matern, ∗ 1893 in Burg b. Magdeburg, Gerber, 1911 SPD, 1919 KPD, Funktionär, 1933 Verhaftung, Flucht, ab 1934 Emigrant in verschiedenen Ländern, 1941 in die UdSSR, 1945 Rückkehr nach Deutschland, KPD-Vorsitzender in Sachsen, 1946 SED-Vorsitzender in Berlin, Politbüro der SED, † 1971.

Erich Mielke, ∗ 1907 in Berlin, Speditionskaufmann, 1925 KPD, Funktionär, Redakteur, 1931 an Polizistenmord in Berlin beteiligt, Flucht, Emigrant in der UdSSR, dazwischen Teilnehmer des spanischen Bürgerkriegs,

1945 Rückkehr nach Deutschland, Aufbau der politischen Polizei, später Minister für Staatssicherheit und Mitglied des Politbüros.

Vincenz Müller, ∗ 1894 in Aichach, Berufssoldat, Offizier im Ersten Weltkrieg, General im Zweiten Weltkrieg, 1944 Kapitulation bei Minsk, Zusammenarbeit mit der UdSSR, 1948 Rückkehr nach Deutschland, Funktionär der NDPD, später am Aufbau der KVP und NVA beteiligt, Generalleutnant der NVA, † 1961.

Albert Norden, ∗ 1904 in Myslowitz/Oberschlesien, Redakteur, in der Weimarer Republik bei kommunistischen Zeitungen, 1933 Emigration nach Frankreich, 1941 in die USA, 1946 Rückkehr nach Deutschland, Pressechef der Deutschen Wirtschaftskommission, später im Politbüro der SED, † 1982.

Otto Nuschke, ∗ 1883 in Frohburg b. Leipzig, Redakteur, 1915–1933 Chefredakteur der *Berliner Volkszeitung,* im Dritten Reich Landwirt, 1945 Mitbegründer der CDUD in Berlin und der SBZ, als Nachfolger von Jakob Kaiser Vorsitzender der CDUD der SBZ/DDR, stv. Ministerpräsident der DDR, † 1957.

Rudolf Paul, ∗ 1893 in Gera, promovierter Jurist, in der Weimarer Republik Staatsanwalt, dann Rechtsanwalt, im Dritten Reich Berufsverbot, 1945 von den Amerikanern zum Oberbürgermeister von Gera ernannt, danach von den Sowjets zum Ministerpräsidenten von Thüringen, 1946 Eintritt in die SED, 1947 in die Westzonen geflüchtet, Rechtsanwalt in Frankfurt/Main, † 1978.

Wilhelm Pieck, ∗ 1876 in Guben, Tischler, 1895 SPD, 1905 Mitglied der Bremischen Bürgerschaft, 1918 KPD, 1919 dem Mordanschlag auf Rosa Luxemburg und Karl Liebknecht unter ungeklärten Umständen entkommen, 1928 Mitglied des Reichstags, 1933 Emigration über Frankreich in die UdSSR, 1935 Vorsitzender der Exil-KPD, 1945 Rückkehr nach Deutschland, Vorsitzender der KPD, ab 1946 der SED (zusammen mit Grotewohl), 1949 Präsident der DDR, † 1960.

Heinrich Rau, ∗ 1899 in Feuerbach bei Stuttgart, Metallpresser, 1919 KPD, Redakteur und Funktionär, 1933 Zuchthausstrafe, 1935 Emigration über die ČSR in die UdSSR, Teilnehmer des spanischen Bürgerkriegs, in Frankreich verhaftet, KZ Mauthausen bis 1945, danach erneut KPD, 1946 Wirtschaftsminister in Brandenburg, 1948 Vorsitzender der Deutschen Wirtschaftskommission, 1949 DDR-Minister für Wirtschaftsplanung, † 1961.

Georgij K. Schukow, ∗ 1896 in Strelkowa/Mittelrußland, Kürschner, 1919 KPdSU und Rote Armee, Berufssoldat, General, 1941/42 Verteidiger von Moskau, 1942 Marschall der Sowjetunion, 1945 Eroberer von Berlin, Entgegennahme der bedingungslosen Kapitulation am 9. 5. 1945, Vertreter der UdSSR im Alliierten Kontrollrat, Leiter der SMAD bis März 1946, später u. a. sowjetischer Verteidigungsminister, † 1974.

Anna Seghers, ∗ 1900 in Mainz als Netty Reiling, promovierte Philologin, Schriftstellerin, (»Der Aufstand der Fischer von St. Barbara«, 1928; »Transit«, 1943; »Das siebte Kreuz«, 1942), 1928 KPD, 1933 Emigration nach Frankreich, dann nach Mexiko, 1947 Rückkehr nach Deutschland, SED-Mitglied, später Vorsitzende des Schriftstellerverbands der DDR, † 1983.

Fritz Selbmann, ∗ 1899 in Lauterbach/Hessen, Bergarbeiter, 1922 KPD, Funktionär, 1934–1945 Zuchthaus, KZ Sachsenhausen und Flossenbürg, ab 1945 Wirtschaftsfunktionär in Sachsen, 1948/49 stv. Vorsitzender der Deutschen Wirtschaftskommission, später DDR-Minister, † 1975.

Wladimir S. Semjonow, ∗ 1911 in Krasnoslobodskoje, Diplomat, 1938 Botschaftsrat in Berlin bis zum deutschen Überfall auf die UdSSR 1941, 1945 wieder in Berlin, ab 1946 als politischer Berater der Sowjetischen Kontrollkommission bis 1953, danach u. a. Hoher Kommissar in Berlin, Botschafter in der DDR, stv. Außenminister, Botschafter in Bonn.

Max Seydewitz, ∗ 1892 in Forst/Lausitz, Buchdrucker, Redakteur, 1910 SPD, 1931 SAP, 1933 Emigration über die ČSR nach Skandinavien, 1945 Rückkehr nach Deutschland, KPD/SED-Mitglied, Intendant des Berliner Rundfunks, 1947 Ministerpräsident von Sachsen, † 1987.

Wassilij D. Sokolowski, ∗ 1897 in Kosliki b. Bialystok, 1918 Rote Armee, Berufssoldat, im Zweiten Weltkrieg verschiedene hohe Funktionen an der sowjetischen Westfront, 1946 als Nachfolger Schukows Oberbefehlshaber der sowjetischen Truppen in der SBZ, zum Marschall der Sowjetunion ernannt, 1948 Gegenspieler der West-Alliierten bei der Berlin-Blockade, 1949 nach Moskau zurückgekehrt, † 1968.

Sergej I. Tulpanow, ∗ 1902, Germanist (Studium in Heidelberg), Dozent an der Universität Leningrad, 1945 als Oberst Leiter der Informationsabteilung der SMAD, mit weitgehenden Befugnissen bei der Durchsetzung der sowjetischen Politik in der SBZ, 1949 in die UdSSR zurückgekehrt, † 1984.

Walter Ulbricht, ∗ 1893 in Leipzig, Möbeltischler, 1912 SPD, Soldat im Ersten Weltkrieg, 1919 KPD, ab 1923 im ZK der KPD, 1928–1933 im Reichstag, 1933 Emigration über die ČSR und Frankreich in die UdSSR, 1945 Rückkehr nach Deutschland (»Gruppe Ulbricht«), Wiederaufbau der KPD, 1946 stv. Vorsitzender der SED, 1949 stv. Ministerpräsident der DDR, später Generalsekretär bzw. Erster Sekretär des ZK der SED sowie Staatsratsvorsitzender, † 1973.

Paul Wandel, ∗ 1905 in Mannheim, Maschinentechniker, 1923 KPD, 1933 Emigration in die UdSSR, Lehrer an der Kominternschule, enger Mitarbeiter von Wilhelm Pieck, 1945 Rückkehr nach Deutschland, Präsident der Zentralverwaltung für Volksbildung in der SBZ, 1949 Minister für Volksbildung.

Friedrich Wolf, ∗ 1888 in Neuwied, 1913 Dr. med., Dramatiker (»Cyankali, § 218«, 1929; »Die Matrosen von Catarro«, 1929; »Professor Mamlock«, 1934), 1933 Emigration, 1939–1941 KZ-Haft in Frankreich, dann in die UdSSR, 1945 Rückkehr nach Deutschland, schriftstellerische Arbeit, später Botschafter in Polen, † 1953. (Vater von Markus »Mischa« Wolf, ∗ 1923, langjähriger Leiter der »Hauptverwaltung Aufklärung« des Ministeriums für Staatssicherheit, Autor von »Die Troika«, und Konrad Wolf, 1925–1982, Filmregisseur, u. a. »Der geteilte Himmel«, »Solo Sunny«.)

Arnold Zweig, ∗ 1887 in Glogau, Schriftsteller (»Der Streit um den Sergeanten Grischa«, 1927; »Junge Frau von 1914«, 1930; »Erziehung vor Verdun«, 1935), 1933 Emigration nach Palästina, 1948 Rückkehr nach Deutschland, Vizepräsident des Kulturbunds, später u. a. Präsident der Akademie der Künste und PEN-Präsident, † 1968.

Auswahlbibliographie

Eine Fülle von Literatur ist im Laufe der Jahre zur Geschichte der Sowjetischen Besatzungszone und der DDR erschienen: Gesamtdarstellungen, Monographien, Biographien, Memoiren. Eine vollständige Bibliographie würde den Rahmen dieses Buches sprengen. Die hier genannten Titel sollen darum auch nicht Vollständigkeit suggerieren, sondern zum Weiterlesen und Nachschlagen anregen.

Grundlegend zum Verständnis der Gesamtgeschichte der SBZ/DDR seit 1945 aus westlicher Sicht:

- Dietrich Staritz: »Die Gründung der DDR. Von der sowjetischen Besatzungsherrschaft zum sozialistischen Staat«, München 1984;
- Hermann Weber: »Geschichte der DDR«, München 1985;
- Ders.: »Die DDR 1945–1986«, München 1988.

Die Sicht der DDR ist nachzulesen bei:

- Rolf Badstübner u. a.: »Geschichte der Deutschen Demokratischen Republik«, Berlin (Ost) 1981;
- Stefan Doernberg: »Kurze Geschichte der DDR«, Berlin (Ost) 1969;
- Ders.: »Die Geburt des neuen Deutschland. Die antifaschistisch-demokratische Umwälzung und die Entstehung der DDR«, Berlin (Ost) 1959.

Den Ost-West-Konflikt und die Teilung Deutschlands beschreiben:

- Josef Foschepoth (Hg.): »Kalter Krieg und deutsche Frage. Deutschland im Widerstreit der Mächte 1945–1952«, Göttingen 1985;
- Christoph Kleßmann: »Die doppelte Staatsgründung. Deutsche Geschichte 1945–1955«, Göttingen 1982;
- Wilfried Loth: »Die Teilung der Welt. Geschichte des Kalten Krieges 1941–1955«, München 1980;
- Ders.: »Ost-West-Konflikt und deutsche Frage. Historische Ortsbestimmungen«, München 1989;
- Ernst Nolte: »Deutschland und der Kalte Krieg«, Stuttgart 1985;
- Hans-Peter Schwarz: »Vom Reich zur Bundesrepublik. Deutschland im Widerstreit der außenpolitischen Konzeptionen in den Jahren der Besatzungsherrschaft 1945–1949«, Neuwied-Berlin 1966;
- Thilo Vogelsang: »Das geteilte Deutschland«, München 1976;
- Daniel Yergin: »Der zerbrochene Frieden. Der Ursprung des Kalten Krieges und die Teilung Europas«, Frankfurt/Main 1979.

Biographien, Memoiren, Selbstzeugnisse:

- Dieter Borkowski: »Erich Honecker. Statthalter Moskaus oder deutscher Patriot? Eine Biographie«, München 1987;
- Ders.: »Für jeden kommt der Tag ... Stationen einer Jugend in der DDR«, Frankfurt/Main 1981;
- Heinz Brandt: »Ein Traum, der nicht entführbar ist. Mein Weg zwischen Ost und West«, Berlin 1977;
- Erich W. Gniffke: »Jahre mit Ulbricht«, Köln 1966;
- Christian Hacke (Hg.): »Jakob Kaiser, Wir haben Brücke zu sein. Reden, Äußerungen

und Aufsätze zur Deutschlandpolitik«, Köln 1988;
- Erich Honecker: »Aus meinem Leben«, Frankfurt/Main 1980;
- Walter Kempowski: »Ein Kapitel für sich«, München 1975;
- Ders.: »Uns geht's ja noch Gold. Roman einer Familie«, München 1972;
- Ders.: »Im Block. Ein Haftbericht«, Hamburg 1987
- Hildegard Knef: »Der geschenkte Gaul. Bericht aus einem Leben«, Wien/München 1970;
- Erich Loest: »Durch die Erde ein Riß. Ein Lebenslauf«, Hamburg 1981;
- Wolfgang Leonhard: »Die Revolution entläßt ihre Kinder«, Köln/Berlin 1955;
- Ernst Lemmer: »Manches war doch anders. Erinnerungen eines deutschen Demokraten«, Frankfurt/Main 1968;
- Wolfgang Schollwer: »Potsdamer Tagebuch 1948–1950. Liberale Politik unter sowjetischer Besatzung«, hg. v. Monika Faßbender, München 1988;
- Georgi K. Shukow, Marschall der Sowjetunion: »Erinnerungen und Gedanken«, Band 2, Berlin (Ost) 1976;
- Carola Stern: »Ulbricht. Eine politische Biographie« Köln/Berlin 1963;

Literatur zu ausgewählten Themen der Geschichte der SBZ/DDR:
- Autorenkollektiv beim Institut für Marxismus-Leninismus beim ZK der SED: »Geschichte der Sozialistischen Einheitspartei Deutschlands. Abriß«, Berlin (Ost) 1978;
- Friedrich-Ebert-Stiftung (Hg.): »Einheit oder Freiheit? Zum 40. Jahrestag der Gründung der SED, Bonn 1985;
- Karl Wilhelm Fricke: »Opposition und Widerstand in der DDR. Ein politischer Report«, Köln 1984;
- Arnold Freiburg, Christa Mahrad: »FDJ. Der sozialistische Jugendverband der DDR«, Opladen 1982;
- Gert Gruner, Manfred Wilke (Hg.): »Sozialdemokraten im Kampf um die Freiheit. Die Auseinandersetzung zwischen SPD und KPD in Berlin 1945/46«, München 1981;
- Guido Knopp/Ekkehard Kuhn: »Das Lied der Deutschen. Schicksal einer Hymne«, Berlin/Frankfurt 1988;
- Alfredo W. Pöge: »Fußball in Berlin, der deutschen Ostzone und DDR 1945–1950« in: Zeitschrift für internationale Fußball-Geschichte und -Statistik, Wiesbaden o. J.;
- Ilse Spittmann (Hg.): »Die SED in Geschichte und Gegenwart«, Köln 1987;

Handbücher und Nachschlagewerke:
- Günther Buch: »Namen und Daten wichtiger Personen der DDR«, Berlin/Bonn 1982;
- Bundesministerium für Innerdeutsche Beziehungen (Hg.): »DDR Handbuch«, 2 Bände, Köln 1985;
- Hans Georg Lehmann: »Chronik der DDR. 1945/49 bis heute«, München 1987.

Bildquellenverzeichnis

Archiv für Kunst und Geschichte, Berlin: 24 u., 25, 40, 42 u., 43, 65 o. re., 73 o. li., u., 108 u., 130 o., 134 re., 143 o., 144, 169 u., 170 u., 171, 172 o., 191 o., 192, 195 u., 198
Bredenbeck, Julius, Kiel: 143 u.
DANABilderdienst, Frankfurt/Main: 96 u.
DEFA-Film Berlin (Ost): 20 o., 21, 23, 26–32, 41, 44, 45, 49 u., 50–53, 63, 64, 65 o. li., Mitte, u., 68, 70–72, 73 o. re., 88, 92–95, 104, 105, 108 o., 109, 122 u., 123–129, 130 u., 131, 135, 145, 146, 148–150, 168, 169 o., 170 o., 172 u., 173, 176, 184–190, 191 u., 193, 194, 195 o., 196, 197
dpa: 35
Jürgens Ost-Europa Photo, Köln: 19
Lilo Kaskell, New York: 101
Kesting, Edmund, Dresden: 22 u.
Keystone Bildarchiv, Hamburg: 20 u.
Presse-Bild-Zentrale Braemer und Güll, Berlin: 113
Schaarschuch-Foto, Dresden: 69 o., 153
Süddeutscher Verlag, Bilderdienst, München: 22 o., 89
Ullstein Bilderdienst, Berlin: 24 o.
Bildarchiv Zweites Deutsches Fernsehen: 42 o., 46–48, 49 o., 54, 66, 67, 86, 87, 90, 91, 106, 107, 110, 122 o., 132, 133, 134 li., 136, 147, 174, 175

Die Fotos der Zeitzeugen wurden, wo nicht anders vermerkt, aus privaten Beständen zur Verfügung gestellt.

Ein Wort danach

Die Frage mag manchem Leser gekommen sein: Warum sagt in diesem Buch (und dem zugrunde liegenden ZDF-Film) niemand aus der DDR, wie er (sie) damals die SBZ erlebt hat? Zeitzeugen also, die dortgeblieben sind. Sogar aus Überzeugung.

Nun, wir hätten sie gern dabeigehabt. Unsere Vorstellung war, eine »kontroverse« Dokumentation zu machen. Zeitgeschichte aus gegensätzlicher Sicht zu betrachten, Erinnerungen und Wertungen gegenüberzustellen, schien uns reizvoll. Wir meinten, wir seien längst weit genug, um uns das leisten zu können. Weit genug entfernt von den Nachkriegsjahren und vom Kalten Krieg, weit genug in einer Entwicklung, die uns erlaubt, die Meinung der anderen Seite wenigstens anzuhören.

Wir fragten also an in Ost-Berlin. Das müssen wir, denn niemand redet mit uns, wenn es sich nicht um ein »genehmigtes Vorhaben« handelt. Wir baten um Interviewpartner, die in den Nachkriegsjahren schon eine gewisse Rolle gespielt hatten und heute eine entsprechend wichtige Rolle spielen. Wir nannten mehrere Dutzend Namen. Wir fragten mehrmals nach.

Wir wurden abschlägig beschieden.

Der Grund wurde uns, wie immer, nicht genannt. Eine Art inoffizieller Begründung gab es aber: Man könne sich nicht vorstellen, daß uns wirklich erlaubt würde, in einer ZDF-Dokumentation Zeitzeugen aus der DDR mit ihrer Sicht der Dinge zu Wort kommen zu lassen.

Freilich, es hätte nicht alle bei uns gefreut. Aber wir hätten es getan. (Übrigens vermuten wir, daß es Autoren einer DDR-Dokumentation über die Geschichte der BRD auf der Suche nach Zeitzeugen im Westen nicht sehr viel anders ergangen wäre.)

Immerhin ließ uns die DDR Filmmaterial ihres Staatlichen Archivs benutzen und im »Museum für Deutsche Geschichte« in Ost-Berlin drehen. Dafür bedanken wir uns.

Wir bedanken uns bei allen, die uns ihre Geschichte erzählten. Es sind – mit Ausnahme von Wladimir Semjonow – Personen, die nach 1945 die Entwicklung in der SBZ erlebt und aufgrund dieser Erlebnisse irgendwann die Seite gewechselt haben.

Es fällt auf, daß sie mit weniger Emotion darüber reden als sie es »damals« vermutlich getan hätten. Die Emotionen der späten vierziger und frühen fünfziger Jahre, die Angst und Verbitterung, der Haß, aber auch die Hoffnung sind nach so langer Zeit schwer nachzuempfinden. Man scheut sich, »zu dick aufzutragen«.

Vielleicht auch wegen der gemeinsamen Hoffnung, es möge nach vierzig Jahren endlich etwas in Bewegung geraten …

Geschichte der Bundesrepublik Deutschland

in fünf Bänden

herausgegeben von
Karl Dietrich Bracher · Theodor Eschenburg
Joachim C. Fest · Eberhard Jäckel

Dieses Standardwerk zur Geschichte der Bundesrepublik Deutschland ist die umfassende und vollständige Darstellung der Zeit von 1945–1982 in chronologischer Folge, herausgegeben und geschrieben von namhaften Wissenschaftlern und Publizisten. Herausgeber und Autoren knüpfen an die große Tradition der deutschen Geschichtsschreibung an. Sie haben unveröffentlichtes und bisher nicht zugängliches Quellenmaterial ausgewertet und interpretiert. Das Werk genügt wissenschaftlichen Ansprüchen und ist dennoch verständlich geschrieben. Der Leser erhält eine faszinierende Darstellung der politischen, kulturellen, wissenschaftlichen, technischen und sozialen Entwicklung der Bundesrepublik Deutschland.
Die Bände sind aufwendig ausgestattet mit Fotos, Karikaturen, Abbildungen von Kunstwerken, Grafiken und Karten. Tabellen, statistische Übersichten, Zeittafeln, Bibliographien, Namen- und Sachregister erhöhen den Informationswert.

Band 1
Theodor Eschenburg
Jahre der Besatzung 1945–1949

Band 2
Hans-Peter Schwarz
Die Ära Adenauer 1949–1957
Gründerjahre der Republik

Band 3
Hans-Peter Schwarz
Die Ära Adenauer 1957–1963
Epochenwechsel

Band 4
Klaus Hildebrand
Von Erhard zur Großen Koalition 1963–1969

Band 5/I
Karl Dietrich Bracher/
Wolfgang Jäger/Werner Link
Republik im Wandel 1969–1974
Die Ära Brandt

Band 5/II
Wolfgang Jäger/Werner Link
Republik im Wandel 1974–1982
Die Ära Schmidt

Deutsche Verlags-Anstalt · Stuttgart
F. A. Brockhaus · Mannheim